CYBER SOCIETY EVILS

TRAPS AND SECURITY

サイバー社会の「悪」を考える

現代社会の罠とセキュリティ

坂井修一［著］

SAKAI Shuichi

東京大学出版会

Cyber Society Evils: Traps and Security
Shuichi SAKAI
University of Tokyo Press, 2022
ISBN978-4-13-063458-8

まえがき

二〇世紀末に、パソコンとインターネットが世界中に広まり、急速に情報社会が立ち上がってから、わずか四半世紀の間に、地球は以前とはぜんぜん違う星になってしまった。ネットショップ、検索エンジン、スマホ、SNS、プラントの自動運転、スマート農業――世界は、ソフトウェア（コンピュータのプログラム）に目鼻（センサ）と手足（アクチュエータ）がついたものになったのである。

ソフトウェアは、センサと人間を〈目鼻〉として世界を探り、これらから膨大なデータを受け取り、これを処理して、情報として発信したり、プラントや乗り物を〈手足〉として動かしたりする。ビッグデータやAI（人工知能）の技術の発達などもあって、実世界はどんどん情報化され、自動運転や遠隔医療など、以前には考えられなかった社会展開が行われようとしている。

狩猟採取社会、農耕社会、工業化社会、情報化社会に続いて人類の作る五番目の社会、いわゆるソサイエティ5・0（Society5.0）と呼ばれる超スマート社会（＝サイバー空間と実空間が融合した社会）は、もう目の前に来ているのだ。

私は今、東京大学で情報理工学の教鞭を執る傍ら、科学技術振興機構（ＪＳＴ）の戦略的創造研究推進事業で「Society5.0を支える革新的コンピューティング技術」の総括を拝命している。超スマート社会を実現するための新しいコンピュータを作る。そういう研究を推進する立場だ。人々にとって、超スマート社会をよりよいものとして実現するためのお手伝いをしようというわけである。一方で、情報社会という言葉には、恐怖感を覚える人も多いだろう。バグや操作ミスによる事故。ＳＮＳの炎上。フェイクニュース（偽ニュース）の氾濫。ネットを使った犯罪。個人情報の漏洩。ＡＩが人間を支配するなど、ＳＦ的なテーマも盛んに議論されるようになっている。

特に、サイバー攻撃は、毎日のようにメディアを賑わす二一世紀の中心問題の一つだ。以前は、個人やハッカーグループの攻撃が注目されていたが、昨今では、国家間の争いやテロリスト集団の動きが目立ってきている。地球規模のサイバー空間の攻防――これが高じたものが、いわゆるサイバー戦争である。われわれの世界は今、目には見えにくいが、恒常的なサイバー戦争状態にあると言ってもよいだろう。

この本では、サイバー戦争を筆頭とする情報社会の「悪」について、長くこの分野に携わってきた人間として思うところを正直に記してみたい。「悪」の根源が人間の心にあることは言うまでもないが、なぜそれがかくも広範かつ瞬時に人間（社会）を襲うのか。技術的な問題と人間的な問題の両面からできるだけ簡潔に述べてみたいのである。

本文に入る前に、以下のことを注意・確認しておこう。

第一に、この本は、情報社会の問題点や危険をことさらに煽り立てることはしない、ということだ。サイバー世界戦争が勃発して人類は滅亡する。技術的特異点を超えたＡＩが人間を奴隷化する。そういう終末論をいきなりふりかざすのではなく、この世界の現状と近未来を落ち着いて展望し、考えるべきことは何かを記しておくのが本書の目的である。

第二に、この本では、特定の国や政治勢力、個人に対して荷担も、誹謗中傷もしない。インターネットやコンピュータを介した諜報、攻撃、破壊などは、多くが違法なものであり、また倫理的に許されないものである。過去に起こった事例では、個別に特定の国家や政治勢力が批判の対象となってよいのだが、今ではどの国も真っ白とは言いがたいものを持っている。歴史を振り返ってみても、こうした暗い行為は、どちらの勢力だけが悪いということはなく、関係する国のほぼすべての間で、途切れることなく延々と続いているものだ。こうした行為への批判は、法律学者・政治学者・倫理学者にお任せし、ここでは何が行われているか、何が可能となっているかを中心にお話したい。その過程で、私自身の感情を吐露することなどもあるかもしれない。そのような場面でも、特定の国・政治勢力・個人を批判するというよりは、人間という動物の欲望の果てしなさについて物思い、人間社会のあさましさを嘆くという形をとることになるだろう。

第三に、特にサイバーセキュリティについて研究するときの態度について。世の中では、軍事に少しでも関わる研究をするべきではないという意見がある。一般論としてこれは正しいが、軍事に転用できる研究をすべて禁止すると、現代文明は成り立たなくなる。コンピュータ、インターネット、センサ、ロボット、暗号、無線通信、半導体、レーザ、飛行機、船、自動車、人工衛星、レーダー、医薬品、農薬、遺伝子組換え。すべて軍事転用が可能なのである。サイバーセキュリティもその例に漏れない。

サイバーセキュリティと軍事研究について、私自身の考えを以下に記す。

（一）サイバーセキュリティの研究は、一般論として日本の大学や公的研究機関でも必要である
（二）軍事を目的とした研究、軍事への転用は、（一）の機関ではやるべきではない
（三）サイバーセキュリティの研究成果は、すみやかに公開されるべきである

サイバーセキュリティは、技術的には、個人や会社を守るものと、国を守るものの間で差がない。したがって、（一）は、たとえ戦争や軍備を放棄した国であっても行う必要がある。その結果、これを軍事転用できてしまうという問題が生じる。そこで、（二）の軍事への転用は、大学は行わない、（三）研究成果は必ず公開する、という二つの規則を設ける。

（三）で公開された成果を軍事転用することは、世界中の国でできるが、これを監視するなどは、国際的な機関で行うべきだろう。

二一世紀の情報社会の「悪」は、技術的にはかつて人類が経験したことのなかったものである。しかし、これは、人間社会が一万年以上にわたってやってきた愚かしい「悪」を引き継いだものであり、人々がやっていることの本質はなんら変わっていないと思う。

「起きるべきほどのことはすでにシュメル社会では起きていた」（小林登志子『シュメル——人類最古の文明』中公新書、二〇〇五）

世界最古と言われるシュメル（＝シュメール）の文明。メソポタミアのチグリス川とユーフラテス川の間で起こった文明社会で何千年も前に為されていたことと比べて、新しいことなど何もない。実際、この本でも述べるように、古代メソポタミアでは諜報戦が行われていたのだ。

「情報」が一瞬で人を殺すことができるようになった二一世紀の今日でも、このことは、変わることのない真実なのであり、私たちはこれを幾度反芻しても足りるということはないと思う。

坂井　修一

目次

第一章　プロローグ——サイバー社会よどこへ行く

一・一　スタックスネットの衝撃

パンドラの箱

その朝、私は、パンドラの箱が開く音を聴いた。

二〇一一年春のことだった。

前年の秋、イランの核施設（図1・1）がサイバー攻撃を受け、遠心分離機が停止して核燃料の製造がストップしてしまった。そんなニュースを見たのである。

この攻撃によって、イランの原子力開発は二年ほど遅れたと言われる。

暗殺団を送り込まれたわけではない。[1]ミサイルを撃ち込まれたわけでもない。ただのコンピュー

図 1.1　イランの首都テヘラン（Tehran）南方 300 キロメートルのナタンツ（Natanz）にあるウラン濃縮施設を訪問するマフムード・アフマディネジャド大統領（2008 年 4 月 8 日撮影，資料写真）．（© HO / IRAN'S PRESIDENCY OFFICE WEBSITE / AFP）

タウイルスが、大国の運命を左右する。そんな事件が起こったのである。

この攻撃は、個人の力でできるものではない。いわゆるテロリスト集団でも手が届かないレベルの話だ。まず間違いなく〈国〉が関与している。それも高度な技術力を持つ先進国が。では、イランの仮想敵国といえばどこか。イスラエルか、アメリカか——頭の中でそんな問いが炸裂し、ぐるぐる渦を巻き始めた。

国家のサイバー攻撃

それまでも国家の関与が強く疑われるサイバー攻撃はいくつか知られていた。

- 二〇〇七年　ロシアからのエストニア政府・金融機関へ
- 二〇〇九年　北朝鮮から韓国へ
- 二〇〇九年　中国から米国軍や米国企業へ

これらは、いずれも国の中心となるインフラをねらった大規模なもので、人命こそ奪わなかったものの、中央官庁や軍隊、銀行など、国家の中枢を麻痺させることに成功している。これらによる損害（金額）は、公表はされていないが、一〇億円や二〇億円の程度ではない、どれも膨大なものだったはずだ。

こうしてみると、パンドラの箱はすでに開いていた、というのが正確かもしれない。いや、しかし……。

ネット社会の前に

もっと古く、実はパソコンやインターネットが普及する前に、すでにサイバー攻撃はあった。一九九一年の湾岸戦争のさい、米国ＮＳＡ（国家安全保障局）は、イラクに納入されるフランス製プリンタにウイルスを仕込み、これに接続された大型コンピュータを感染させて、イラクの防空能力を低下させたという。

実際のところ、このサイバー攻撃の効果がどれほどのものだったかは、見解が分かれるところだ。現実に防衛網に致命的なダメージを与えたというものから、現実の空爆のほうが早かったので、そ

1　イスラエルは、イランに〈刺客〉を送り込み、核開発に携わっている物理学者を何人も暗殺したと言われる。

れほど役に立たなかったというものまで。

しかし、いずれにしてもこれが国家規模のサイバー攻撃であったことは間違いない。サイバー空間は、このときに、戦争の主要な舞台として組み込まれたのだ。

イラン核施設攻撃はなぜ衝撃的か

湾岸戦争でアメリカがイラクに行った攻撃。ロシアがエストニアをまるごと麻痺させたと言われる攻撃。北朝鮮から韓国への攻撃。中国から米国への攻撃。

一九九〇年から二〇一〇年までの二〇年間に行われた、これらのサイバー攻撃は、IT（Information Technology：情報技術）が国家間の紛争に使うカードとしていかに有用（？）であるかを印象づけるものだった。もっと言えば、G20（当時）の首脳たちのにこやかな笑顔の裏で、激しいサイバー開発競争が展開され、一部は実践されていたのである。

二〇〇九年ごろまでは、サイバー攻撃といっても、その主流は直接に物理的な破壊や殺人を行うものではなかった。役所や銀行のコンピュータをストップさせ、機密情報を盗んだり、データを消去したりする。これらは、あくまでもサイバー空間上の話であり、国民の体や重要施設（物理インフラ）への影響は、間接的なものだったのである。

「情報」は人を殺す

イラン核施設への攻撃は違っていた。これは、サイバー空間を介して、現実の物理インフラを直接破壊するものだった。インターネットやコンピュータは媒介に過ぎない。ウイルスを送りつけるだけで、核施設を麻痺させたのである。

遠心分離機の停止は、核開発がストップしただけのこと。甚大な被害といえばその通りだが、人命が失われなかっただけ、まだよいほうだ。これが、原子力発電所だったらどうか——サイバー攻撃によって原発を数機暴走させるだけで、仮想敵国を滅ぼすことができるだろう。軍のコンピュータを誤動作させて、核ミサイルを発射させる。そんなことだって、同じやりかたで可能だ。

同様に、防衛施設・発電所・航空管制や鉄道の制御システムが攻撃されたら何が起こるか。国の防衛機能は麻痺し、ライフラインが分断され、飛行機や新幹線は制御不能となって大事故を起こす。それも、目に見えない、物理的実体を伴わないコンピュータウイルスによって。

イラン核施設へのサイバー攻撃は、そのことを鮮やかすぎるほど鮮やかに示す事件だったのだ。まさに、パンドラの箱は開いたのである。

一・二　スタックスネットとは何だったか

マルウェアとしてのスタックスネット

このときのイランへの攻撃について、もう少し見てみよう。使われたマルウェア（コンピュータ上で悪さをするプログラム、広義のコンピュータウイルス）は、今では、スタックスネット（Stuxnet）と呼ばれている。

スタックスネットは、未知のウイルスが四つと、台湾企業の証明書が二つ入っているという、大がかりで念入りのマルウェアであった。

ここで言う「未知のウイルス」は、ゼロデーウイルスと呼ばれる。ゼロデーウイルスは、いまだ発見されていないソフトウェアの脆弱性を狙って侵入するマルウェアのこと。今のセキュリティソフトウェアは、「稼働させようとしているプログラムと既知のウイルスとのマッチングをとって、マッチしたらプログラムを動かさずに削除する」ものだ。したがって、未知の脆弱性[2]をつくウイルスには全く役に立たない。つまり、いくらセキュリティソフトを導入していても、いくらセキュリティの専門家が近くにいても、必ず侵入されてしまう防御不能のウイルスだ。[3]

スタックスネットのもう一つの特徴は、特定の情報環境でしか発動しない、ということだ。具体的には以下の通りである。

① 基本ソフトウェア（ＯＳ）がWindowsであること
② 対象が、ドイツのシーメンス社製の制御システムであること
③ 制御用コンピュータが、周波数変換装置を制御するものであること

これらをすべて満足しなければ、スタックスネットは発動しない。一般の人々のパソコンや携帯電話の中では、ただただ眠っているだけなのである。

特定組織を狙って仕掛けられるサイバー攻撃は、「標的型攻撃」と呼ばれる。そして、標的型攻撃の中でも、特に持続性・潜伏性の高いものは、「ＡＰＴ（Advanced Persistent Threat）攻撃」と呼ばれている。スタックスネットは、このＡＰＴ攻撃の一種として位置づけられるが、それまでに発見されたものの中でも、群を抜いて高度なＡＰＴ攻撃であった。

ウイルスは、目的通りに発動することが重要なのは言うまでもないが、「ターゲット以外の場所や、ターゲットが所期の状態になるまでは眠っていること」も、とても大切なことである。目標をアタックするまでは、存在を知られてはならないのだ。特にゼロデーウイルスを使う場合には。

2　正確には、「発見されていないか、発見されていても対策が立てられていない脆弱性」。
3　マッチング以外の方法で防ぐことが研究され、一部実用化されているが、これについては詳述しない。

もう一つ。スタックスネットはインターネットを経由しなくても、ＵＳＢメモリなどで運ばれて、ターゲットとするコンピュータに侵入することができる。

ふつう、原子力発電所や軍の中枢などの重要施設は、インターネットから遮断された場所に置かれる。しかし、スタックスネットはＵＳＢメモリなどの媒体を使って、ネット接続されていない情報環境をも侵すことができるのだ。

事件としてのスタックスネット

スタックスネットはいつ誰が開発し、いつ発見され、何を引き起こしたか。

開発者については、未だ公式に「自分がやった」と認めている人物や組織は現れていない。しかし、マスコミ報道や内部告発はある。これは重要なことがらなので、どのように暴露されたかを含め後で論じることとする。

一方、このウイルスはいつ誰によって発見されたか。

最初の発見は、二〇一〇年六月一七日、ベラルーシのセキュリティ会社 VirusBlokAda 社によってである。この後、たくさんの報告が出て、同年九月二九日には、世界を代表するセキュリティソフト会社である Symantec 社が詳細レポートを出した。同社は、一一月一二日には、スタックスネットの攻撃対象と攻撃のやりかたについて解明し、報告している。

スタックスネットは、感染に地域的な片寄りがあり、報告例の約六割はイランで、他もインドネシア、インド、アゼルバイジャンなど、アジア圏の国々が中心であった。

では、肝心のイランの核施設で何が起こったのかをみてみよう。

スタックスネットは、USBメモリを介して、イラン中部ナタンツのウラン濃縮施設（図1・1）に侵入した。これに同施設内の制御コンピュータが感染したことにより、約八四〇〇台の遠心分離機がすべて停止し、稼働不能となった。

このことがIAEA（国際原子力機関）によって確認されたのが二〇一〇年一一月一六日である。その六日後の一一月二二日、イランは約四六〇〇台の遠心分離機が再稼働したことをIAEAに報告している。そして、同国のアフマディネジャド大統領は、同一一月二九日にこのウイルス感染について明らかにしている。

スタックスネットは誰が作ったか

どんな創作物にも〈作者〉がいる。コンピュータウイルスも例外ではない。名乗り出ることは、まず考えられないが。

スタックスネットの作者は誰か。

人名までも特定することはできないが、以下の記事と証言によって、これを作成した組織が何であるか、ほぼ特定されていると言ってよいだろう。

「スタックスネットは、米国NSA（National Security Agency：国家安全保障局）とイスラエル軍の合作」

How a Secret Cyberwar Program Worked
ニューヨークタイムズ　二〇一二年六月一日

「インタビューア：NSAはスタックスネットの製作を手伝っているのか？
スノーデン：スタックスネットは、NSAとイスラエル軍の合作だ」

エドワード・スノーデンへのインタビュー
シュピーゲル・オンライン　二〇一三年七月八日

エドワード・スノーデンは、米国NSAとCIA（Central Intelligence Agency：米国中央情報局）に勤務した経験があり、今では内部告発者として最も有名な人物である。後の章（第四章）でも主役として登場する一人だ。

スタックスネットのもたらしたもの

スタックスネットは、イラン核施設への損害をもたらし、同国の核開発を遅延させた。ウイルスの目的は達せられたのである。しかし、このウイルスの影響は、社会心理の面を含めて、イランにとどまるものではなかった。

サイバー攻撃が巨大な損失をもたらすことは、二一世紀に入って人類の周知の事実となっていた。

軍事を含む国家機密の漏洩、社会インフラの麻痺、経済システムの混乱など。しかし、サイバー空間から直接物理攻撃が行われることは稀だった。

これは、機密性や危険性が高い施設・組織は、インターネットから切り離しておけば安心、という通念があったからだ。「ウイルスはインターネットを介して伝染する」「インターネットを切っておけば大丈夫」。そういう〈通念〉である。

前述のように、スタックスネットは、インターネット経由だけでなく、USBメモリを介しても伝染してしまう。二〇一〇年のイランの事件でも、意図せずにコンピュータにつないだUSBメモリによって感染したと言われている。そして制御用コンピュータを誤動作させ、核施設を麻痺させたのである。

すなわち、通常はインターネットに接続されていない原子力発電所などの大規模プラントや社会インフラを動かしている制御用コンピュータを、サイバー攻撃からどのように守るか、ということが、大きな問題として浮かび上がってきたのであった。

これは、一般に「制御セキュリティ」と呼ばれる問題である。

米国の場合、米国国土安全保障省（Department of Homeland Security：DHS）の下に、サイバーセキュリティ関連のいくつかの部局が置かれている。また、DHS傘下の独立連邦機関として、二〇一八年にサイバーセキュリティ・インフラストラクチャセキュリティ庁（Cybersecurity and Infrastructure Security Agency：CISA）が発足した。

スタックスネットが米国作であるとすれば、米国が制御セキュリティ対策に苦労することはないと思われるかもしれない。ところが、米国は最も頻繁にサイバー攻撃にさらされている国の一つでもある。攻撃と防御は全然違うことなのだ。

ヨーロッパでは、それぞれの国が独自に行う防衛とともに、ＥＵの専門機関として、欧州ネットワーク・情報セキュリティ機関（European Network and Information Security：ＥＮＩＳＡ）が設置されている。

日本の場合、内閣サイバーセキュリティセンター（National center of Incident readiness and Strategy for Cybersecurity：ＮＩＳＣ）をはじめとする多くの機関・団体が設置されている。特に制御セキュリティに関しては、制御システムセキュリティセンター（Control System Security Center：ＣＳＳＣ）が二〇一二年に発足した。本センターは、スタックスネットに似た攻撃などから重要インフラを守るためのセキュリティ技術の研究開発、国際標準化活動、人材育成などを行っている。

二一世紀のパンドラの箱は開き、サイバー戦争という災厄は世界にまき散らされてしまった。果たしてその底に「希望」は残されているだろうか。[4]

一・三　サイバー社会の「悪」とは──本書の構成

スタックスネットは、二一世紀の事件だが、「情報」が主役となる戦争や犯罪は、はるか昔、紀元前からあった。

本書ではまず、第二章で、コンピュータ以前の情報を使った「悪」について述べる。具体的には、伝令や手紙（書面）による通信、烽火《のろし》などの遠隔通信、腕木通信、電信・電話と情報通信が発展してゆく中で、どんな「悪」があり、どのように変遷したのか（あるいはしなかったのか）を検討する。

第三章では、コンピュータがどのように登場したかについて特に戦争との関係を述べた後、その進化発展について概観し、コンピュータを使った「悪」にどのようなものがあるのか、コンピュータを使った「悪」がそれ以前の「悪」とどう違うのか（あるいは違わないのか）について検討する。

4　二〇二一年四月一一日に、ナタンツの核施設で爆発・火災が起きた。イスラエルによるサイバー攻撃と言われているが、本書を執筆している段階では、未だその実態が明らかではない。

これが本当にサイバー攻撃だとすると、イランが防御に手を尽くしていても、サイバー攻撃は可能であるという事実を見せつけたことになる。後の章でも見るように、サイバー空間は防御が難しく、攻撃が容易な場所なのだ。

第四章では、インターネットの登場とこれを用いた「悪」について述べる。インターネットは世界中を単一の通信規約（プロトコル：Protocol）で結ぶ画期的な技術だが、同時にこれは、世界中のコンピュータの間でサイバー攻撃を可能とした。第四章では、インターネットを介したさまざまな攻撃について、その方法と実例をあげた後、国家の関与する攻撃や盗聴について述べ、新しい時代の国家と個人の関係について議論する。

第五章では、現在の情報セキュリティに関する考え方について述べる。暗号、ブロックチェーン、侵入防止、マルウェア対策など技術の一般論を述べた後、セキュリティ教育にも触れ、情報セキュリティの将来の課題を示す。

最後の第六章はまとめと展望の章である。ここでは、前章までで述べてきた「情報」の歴史と現状を俯瞰的に振り返るとともに、「悪」のありかを見つめ直し、情報セキュリティの限界について検討する。さらに、将来に予測される情報技術がもたらすかもしれない「悪」を予測し、明るい情報社会を築くために何をどう考えるべきかを記す。

第二章　コンピュータ以前の「悪」

本章では、紀元前からコンピュータの登場の前まで、時代を追って、情報技術と「悪」の関わりを具体的に述べてゆく。具体的といっても、その多くはフィクションかそれに近いものである。これらをあげたのは、それぞれの時代の情報伝達の方法とそれにつけこんだ「悪」について、端的かつ立体的に示されており、我々の理解を深めるのに最適と思われるからである。

その上で、国家や個人について、「情報」の果たした役割と、「情報」伝達技術の発達が何をもたらしたかを概観する。ここで軸になるのは、正確さ（信頼性・完全性など）、情報伝達の速度、機密性の三点である。

正確さについては、誤り発見・訂正、認証、改竄防止から偽情報の流し方まで。

伝達速度については、文書によるもの、視覚的・聴覚的なもの、電信によるもの、電話によるもの、無線によるもの。

機密性については、初期の暗号技術や漏洩のありかたなど。

本書は歴史書ではない。それぞれの時代の技術や出来事の詳細については、それぞれの分野の解説書をお読みいただければと思う。

図 2.1 ハムラビ法典（ルーブル美術館, Wikipedia “ハンムラビ法典” より）

二・一　古代の「悪」

ハムラビ王の諜報活動

情報を戦争の道具に使うことは、人類文明の黎明期から行われていた。

ハムラビ法典（図２・１）で有名なバビロニアのハムラビ王は、同盟国マリの王ジムリ・リムとの間で複雑な諜報合戦を繰り広げたと言われている。このことについて、粘土板に楔形文字で記録されたものがある。紀元前一八世紀、今から約三八〇〇年前のことだ。

トロイの木馬

神話まで含めてよければ、「トロイの木馬」事件が古代で最も有名な情報戦だろう。

ギリシャ対トロイヤの戦争末期、ギリシャの知将オデュッセウスは、「木馬の計」を発案する。

これは、巨大な木馬（図2・2）を作り、これを降伏の印としてトロイヤに差し出すというもの。実は、ギリシャ方の選りすぐりの将兵たちを木馬の中に隠し、頃合いを見てトロイヤの人々を襲う、という戦術であった。

木馬の計の成否は、トロイヤの人々がこれを降伏の印と信じるかどうかにある。〈陰謀〉を〈降伏〉と思わせる――まさに情報の操作である、それもかなり強引な。

ギリシャ方は、トロイヤには顔を知られていないシノーンという男（実はオデュッセウスの従兄弟）を「ギリシャの裏切り者」に仕立てあげ、トロイヤ側に、ギリシャ軍全軍が敗北を認めて撤退したこと、木馬が帰路の無事を願って神に捧げられた物であることなどを語らせる。これを信じたトロイヤの人々は、市中に木馬を引き入れて戦勝の祝いをするのだが、宴たけなわとなったときに、オデュッセウスなどギリシャの将兵が木馬の中から現れ、さらには撤退したと見せかけたギリシャ軍の本体が海から戻ってきて、敵将を討ち果たし、トロイヤを滅ぼした。

シノーンは最初黙秘を続けたが、トロイヤの拷問に耐えかねたふりをして、木馬がギリシャ軍の捧げ物であるという嘘の自白をした――オデュッセウスの筋書きを演じきったので

図 2.2　トロイの木馬
（https://www.wallpaperbetter.com/ja/hd-wallpaper-feqzp/download）

ある。そして、これがギリシャの勝利を導いたのだった。

もっとも、彼を疑った者もいた。一人は神官ラオコーン。彼は木馬の危険を警告したが、そのために（ギリシャの味方の）女神アテーナーの怒りを買い、二人の息子とともに大蛇に絞め殺されてしまう。

もう一人は、トロイヤの王女カサンドラ。彼女は、予知能力があったにもかかわらず、アポロンの呪いによって予言を人から信じてもらえない宿命を負っていた。木馬がギリシャ側の陰謀であることを暴き立てたが、トロイヤの同胞たちには聞き入れてもらえなかったのである。

アテーナーとアポロン。神々の中でも特に強力な二柱の力によって、ギリシャは、きわどいところで木馬の奸計を成功させた。アポロンはトロイヤの味方であったにもかかわらず、自身がかけたカサンドラへの呪いが災いして、トロイヤを滅ぼすほうに加担してしまう。運命の皮肉である。

こんなふうに、情報戦は、関わる人々や国家のリスクがとても大きい。木馬の計も、露見すれば、潜伏した人々がまるごと人質にとられて、勝敗が逆転してしまったところ。オデュッセウスの知恵とシノーンの勇気、それに神々の所作によって、勝利は導かれたのであった。

ＩＴの世界では、「トロイの木馬」といえば、「正体を偽って他人のコンピュータへ侵入し、データの消去や他のコンピュータへの攻撃などを行うプログラム」（『広辞苑 第七版』岩波書店、二〇一八）を指す。言うまでもなく、この故事にちなんだものである。

「トロイの木馬」の「悪」

英雄譚として語られることの多い木馬の計だが、これはあくまでもギリシャ方からの見方、勝者の見方である。トロイヤ側から見れば、正々堂々とした戦いではなく、手の込んだ奸計であり、「悪」であると言わなければならない。

この神話は、諜報戦の一つの原型とも言える。偽の情報を流して敵の中にスキを作り、そこをついて勝利する。その意味では、木馬の計を思いついたオデュッセウスと同じぐらい、木馬が降伏の印であると敵に信じさせたシノーンの役割は重かったかもしれない。オデュッセウスが悪事の本体であるとすれば、シノーンは悪事を実現するための扉を開いたわけだから。

現代のマルウェアも、悪さをするプログラムと、これをユーザに起動させるための何らかの偽装(偽サイトへの誘導など)の二つから成る。前者が木馬、後者がシノーンの嘘だったわけだ。

もう一つ。トロイの木馬の話は、神であるアポロンの立場からみると、もっと複雑である。アポロンはトロイヤの味方だった。しかし彼は、自分の愛を拒絶したカサンドラに呪いをかけ、人々に彼女の言葉を信じないように仕向けた。結果的にこれが、彼の愛するトロイヤの滅亡を招いたのである。

こういう残酷な巡り合わせは、ギリシャ神話の得意とする悲劇のつくりだが、太陽神アポロンまで奸計に乗せられてしまうところなど、時代下った我々も大きな警告として受け取ってよいかと思う。因果応報は、思わぬところに潜んでいるのだ。

なお、トロイの木馬は戦時の奸計なので、平時の（平和な国どうしの間の）「悪」とは一応分けて考える必要があるだろう。

トロイ戦争勝利の情報伝達

社会の「悪」とは直接関係ないが、これから後に登場するさまざまな技術とも関係するので、ここでトロイ戦争勝利の情報がどのようにギリシャ本土に伝えられたかを見ておこう。これも史実か伝説かの区別がつきにくいのだが、アイスキュロスの悲劇『アガメムノン』の記述をもとに考えてみたい。

木馬の作戦が奏功して、ギリシャ軍の総大将アガメムノンは、意気揚々と故国ミュケーナイに凱旋することとなる。それに先だって先勝の報がミュケーナイに届けられる。どうやって届けられたか。これには烽火《のろし》が使われたのであった。

［遠くの空が明るくなり、炬火《たいまつ》の影が遥かに見える］
おおまあ、嬉しい火の輝きよ、夜ながら昼のように照りわたり、数知れぬ喜びの歌舞をアルゴス（＝ミュケーナイ）の町に、この仕合せを祝おうと、しつらえさせるか。
ほうい、ほうい。
アガメムノン王の奥方に、お知らせしまする、はっきりとな。一刻も早く、臥所《ふしど》からお起きなされて、お館じゅうに、この火照《ほて》りにむかい、とよめき渡る喜びの朝祝《ほ》ぎ歌を歌い上げられましょう、もしも真実、イリオン（＝トロイヤ）の城が陥落しましたなれば、いかさまこの松明が、知らせてくれる手はずどおりに。

『アガメムノン』

アイスキュロス（岩波文庫、呉茂一訳）

『アガメムノン』の冒頭近く、物見の男が王宮の屋根で先勝の報を受ける場面である。この男、少なくとも一年間は、これを待ち続けてかなたを見つめ続けていたのである。

ここには戦勝の喜びとともに、辛い任務から解放される嬉しさが溢れている。

戦勝の報は、松明を燃やした灯りを幾度か中継しながら伝達することでミュケーナイにもたらされた。距離的には総計五二〇キロメートルだったという（中野明『ＩＴ全史』祥伝社、二〇一七）。この後、王でありギリシャ軍の総大将だったアガメムノンが、トロイヤの王女カサンドラを奴隷として引き連れて帰国する。

アイスキュロスの描く悲劇は、実はここから始まる。アガメムノンの妻クリュタイメストラと愛人アイギストスによって、この大王はカサンドラともども暗殺されてしまうのである。カサンドラはここでも自分の死を予感して凶事を予言するのだが、またしてもアポロンの呪いによって、誰もこれを信じてくれなかった。

さて、もしも烽火による通信が存在しなかったら、アガメムノンが帰国したとき、クリュタイメストラは夫殺害の準備ができていただろうか——文学がご専門の方々は、あまりこういう疑問を持たないかもしれないが、技術屋の我々は、この種の仮定を置いて歴史（神話）を見直すのが好きである。

クリュタイメストラが夫を待つ日々に彼を殺害しようと決意していたにしても、出征から一〇年の後に急に帰って来られては、その場での殺人はむずかしかったかもしれない。武器の準備などはできていただろうが、段取りの設定などは、帰国の日がわかっていないとむずかしかったのではないか。

歴史の進行とともに情報の流通速度や処理速度が上がり、データが正確に速く伝わるようになる。しかし、このことが必ず人を幸せにするか、といえば、そうでない場合もありそうだ。

烽火による通信は、直接「悪」をもたらしたわけではない。しかし、「悪」を助長した可能性はある。

二・二　腕木通信の改竄

腕木通信の発明と発展

時代区分としての〈近代〉の始まりはフランス革命というのが定説だが、フランス革命の起こった一八世紀末には電気による通信は実用化されていなかった。代わりに腕木通信と呼ばれるものが発明され、実用化されていた。

腕木通信とは、規模の大きな手旗信号による情報伝達である。見晴らしの良い場所に、高い支柱を建て、これに三本の「腕木」をとりつける。この腕木がどういう形になるかで、文字・数字を表現し、望遠鏡などを使って遠くからこれを視認することで情報の授受を行う。

腕木通信は、フランスで一八世紀末に発明され、実用化された。図2・3に、腕木の形と対応するアルファベットの文字を示した。この形の変化で文章を綴るのである。実際には、腕木につけられたロープでこの形を作った。

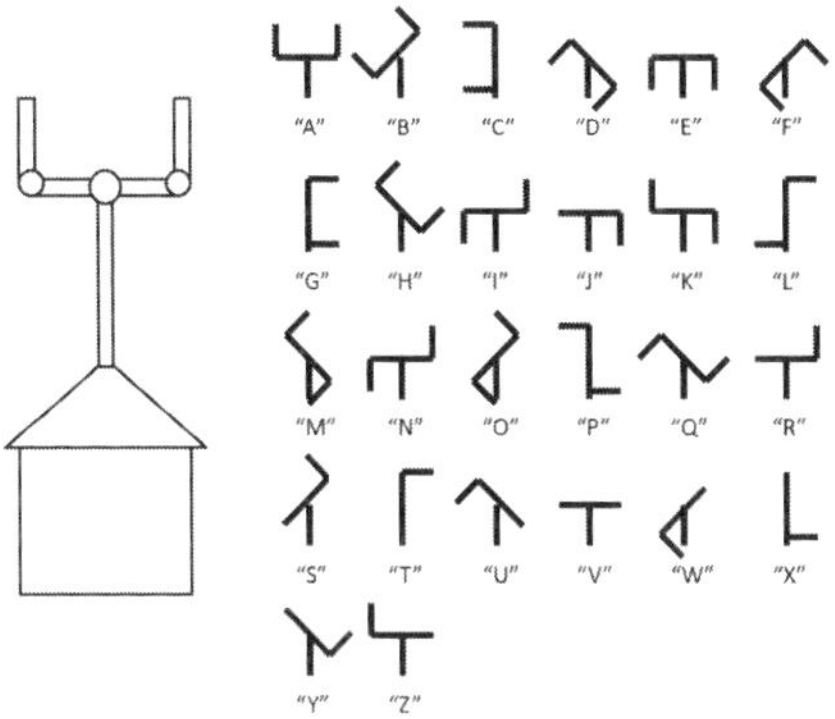

図 2.3　腕木通信
（http://www.silex.jp/blog/wireless/assets_c/2013/06/telegraph-211.html より引用）

大きな腕木を使うとは言っても、視認できる距離には限界がある。中継所を設けて、信号をくり返し伝達することが必要になるのだ。実際、一〇キロメートルごとにこうした中継点が設けられ、腕木の信号が複製され、伝播されていったのである（図2・4）。

電気信号を伝播させる二〇世紀以後の技術と比較すると、届く距離も短いし、伝達速度も低い。送信も受信も人手で行うので、正確さも劣るだろう。それでも、この腕木通信は、情報伝達そのものを画期的に改善させた。フランスでは、腕木通信網が全国に張り巡らされ、信号伝達速度は、分速八〇キロメートル以上だったという。腕木の表現能力も、一度に九二パターンまで可能であった。実際には、二回分の組み合わせで一つの言葉（「語」とは限らない）を八四八四パターンまで作れたのである。

図 2.4　腕木通信の中継

腕木通信と『モンテ・クリスト伯』

アレクサンドル・デュマの長編小説『モンテ・クリスト伯』に登場するのは、電信ではなく、この腕木通信である。

物語では、無実の罪で一四年もの間投獄されたモンテ・クリスト伯ことエドモン・ダンテスが、彼を陥れた人々を次々と復讐の刃にかけてゆく。その中の一人が、銀行家ダングラールであった。

一八三八年のことだから、腕木通信が実用化されてからもう四〇年ほど経っている。この通信の利用はとても高価なことだったようだが、この頃になると、軍事など国家的な連絡だけでなく、商用にも普及していたようだ。

復讐の刃、といってもあくまでもフィクションの中の話だが、エドモンは、この腕木通信に目をつけ、サイバー攻撃によって、ダングラールを陥れるのである。

彼は、中継所の信号手を買収して、「スペインで内乱が起こった」と偽の情報を流させる。とたんに、パリでは（エドモンのたくらみ通り）スペイン国債が大暴落したのである。

ダングラールは、スペイン国債をたくさん持っていた。彼はこの偽情報を入手するや、慌てて国債を売りまくり、被害を最小限にとどめようとした。そして、彼が「売り抜いた」後で、この内紛は偽情報だと発覚する。国債の値段ははね上がり、彼は致命的な損失を出してしまう。

小説『モンテ・クリスト伯』では、この後も延々と復讐が続くのであるが、本書の関係するのはここまでである。このエピソードは、物語とはいえ、典型的なサイバー攻撃のパターンを示しているといえよう。

① 情報伝達の経路に着目して、データを改竄する
② 改竄されたデータによって、対象者（個人や法人や国家）に多大な損害を与える

この「経路」が、腕木通信網であるのか、インターネットであるのかが現在との違いだ——これが時代下った我々の最初の印象ではないか。

モンテ・クリスト伯の改竄は可能だったか

一八三八年にモンテ・クリスト伯がいたとして、本当に彼は物語のような情報改竄が可能だった

だろうか。

この改竄は、二つの重要な手続きから成る。

①　通信手を買収すること
②　腕木の形態ともとの情報の対応がつけられること

物語の中では、①についての詳しい記述はあるが、②については何も書かれていない。①では、園芸家でもある信号手を、「二万五〇〇〇フランあげるので、ここをやめて広い庭と美しい家を手に入れましょう」と誘惑したのだった。

この信号手は、腕木の形態が何を意味するのかの規則を知らなかった。いくつかの語句や文章は理解できたが、現実に中継している腕木の動作を、言語（ここではフランス語）に直して理解していたわけではなかったのである。

腕木の形からもとの語や文章を復元する作業は、復号と呼ばれる。逆に、語や文章から腕木の形（のパターン）を作る作業が符号化である。腕木通信の内容を理解したければ、復号してやればよいのだが、それには、語や文章と腕木の形の対応表が必要だ。

中継所の通信手は、②ができなかった（当時の人々は、ほとんどがそうだったという）。このことは、彼をいくら買収しても、買収者の意図に基づく情報を次の通信手に伝えることはできないことを示す。さらに言えば、表によって腕木の形状を決めることは、単なる符号化ではなく、暗号化であったともいえる。この意味では、変換表は、暗号学でいうところの「鍵」だったわけである。

では、伯爵はどうやってこの変換表＝鍵を手に入れて、②を身につけたのか。

これに対する回答は小説の中では示されていないが、関連する記述はある。

（信号手）「いったいなにをしますんで？」
（モンテ・クリスト伯）「たいしたことではありませんよ。」
「で？」
「この信号をくり返してくだされぱいいんでしてね。」
モンテ・クリスト伯爵は、ポケットから一葉の紙片を取り出した。そこには三つの信号と、それを送るときの順序を記した番号が書かれていた。

『モンテ・クリスト伯』
アレクサンドル・デュマ（岩波文庫、山内良雄訳）

この後、信号手は言われた通りに三つの信号（＝「スペイン内乱勃発」を表す信号）を順番通りに腕木で表現し、これがパリの内務省まで伝わることになる。

なぜこれができたのかは、小説の中では記されていない。内務省の役人や腕木通信の監督官を買収したのか、表（＝鍵）の書かれている機密書類を盗み出したのか。いろいろな手段が考えられるが、当時の彼はフランス社交界の花形だったので、いわゆる支配階級の人たちと通じていて、情報入手もそれほどたいへんではなかったのかもしれない。この話自体がフィクションではあるが、作者のデュマは、変換表についてはさして重要視していなかったようだ。変換表の機密性は支配層の間ではそれほど厳密なものではなかったかもしれないし、あるいはこの表の入手については、信号手の買収ほどおもしろいストーリーが作れなかっただけかもしれない。

腕木通信で情報改竄を防ぐには

腕木通信は、電気が実用化されていなかった当時、腕木の物理的形状のわかりやすさ、操作のしやすさなどで、卓越した技術であり、社会実装であったと言えよう。

論理的な構成についても先進的である。腕木のパターンを有限個に限る信号のディジタル化。制御信号とデータの分離。管理のシステム化など。

一方で、変換表＝鍵の管理については、十分な知見に基づいて行われていたわけではなさそうである。特に、管理する立場の人間が機密漏洩をしたり、信号手が買収されたりした場合に、改竄される危険がある。

腕木通信で情報改竄を防ぐには、変換表＝鍵の管理を厳密にするとともに、変換表自体を多数用意して取り替えながら使うなどの工夫が必要であったかもしれない。また、変換前の文章もあらかじめ暗号化しておくなどすれば、安全性は増しただろう。

改竄の検知には、後で述べるハッシュ関数の利用が有効であり、これは腕木通信においても使える技術だろう。当時の数学がそこまで進んでいなかったのは、ダングラールには気の毒（！）なことであった。

腕木通信と戦争

腕木通信を考えるさいに、一つ忘れてはならないことがある。腕木通信の実用化と発展には、一八世紀末から一九世紀半ばにかけてのヨーロッパの情勢、特に国家間の戦争が大きく関わっていたということだ。

時代はフランス革命の直後であり、フランスは他のヨーロッパの国々と激しい敵対関係にあった。中央政府と周辺地域、特に戦場との情報交換のスピードは、第一共和政からナポレオン帝政、復興王政へと目まぐるしく変化するフランスにとって、国家存亡に関わる大事だったのである。

戦争を「悪」とする見方からいえば、腕木通信は、「悪」とともに発達した技術であり、社会インフラと言えよう。誕生以来わずか六〇年で滅んだが、通信の高速化が「悪」に由来することは、紀元前のハムラビ王やトロイ戦争の時代から、変わることのない事実なのだった。さらに、本章の後段で述べる電信や第四章で述べるインターネットによる通信の高速化がもたらしたものも、腕木通信による情報交換と論理的に同じ種類のものと言ってさしつかえないだろう。

二・三　暗号の解読と情報の捏造

よく知られているように、通信の内容を秘密にしたい場合に使われるのが暗号である。平文（もとの文）を鍵と呼ばれる関数を使って暗号文にする。送り手は、この暗号文を受け手に向かって送る。途中で第三者に見られても、第三者は平文に戻すことができない。この暗号文を送られた受け手は、鍵を使って再び平文に戻す。

先の腕木通信は、文字などを腕木の形に変換する表を「鍵」とする暗号通信であった。

シャーロック・ホームズの『踊る人形』

シャーロック・ホームズと言えば、コナン・ドイルが創作した、古今東西を代表する名探偵である。そのホームズものに、『踊る人形』という短編がある。

この話では、犯人が脅迫に使った暗号文が鍵となる。最初に来た暗号文が、図2・5に示すものである。踊る人形を並べた、子供の悪戯書きとしか見えないものだ。

ホームズはこれを見て暗号文と直観する。次に彼は、それぞれの人形の意味を考えていくことにする。

ここでホームズは、物語では触れられていない一つの大きな仮定を置いた。一体の人形が、英語

(1)

(2)

図 2.5　踊る人形

のアルファベットの一文字にあたるだろう、ということだ。

これは、暗号としては幼稚なものだが、ホームズとしては、まずは単純な暗号方式から試してみよう、ということだったのだろう。そして、この試みはあっさりと成功する。

ホームズは、人形の出現頻度に注目する。英語の文字の中で最も出現頻度の高い文字は、Eなので、図2・5（1）の中で四回も使われているをEだとする。次に、旗の印を単語の区切りを表すと考えた。

図2・5（2）の暗号文は、一単語だけである。これで意味を成す手紙文として、ホームズは、「NEVER」（来ちゃダメ！）を当てはめる。これで、NとVとRが決まった。

このようにホームズは、文字の出現頻度、単語や文が意味を成すかどうか、暗号文が出現した場面・状況の三点から、人形と英文字の対応をつけていき、ついに暗号文を読み解いてしまう。

この話がよくできているのは、最後にホームズが、自ら踊る人形の手紙を書いて、犯人をおびき寄せるところだ。犯人は、暗号文が書ける人間は取引相手しかいないと思っているので、のこのこやってきて逮捕されてしまうのである。このときの暗号文は、（COM

E HERE AT ONCE＝すぐに来い！）であった。

『踊る人形』は、謎解き、筋書き、犯人逮捕のやりかたなど、どれも破綻なく痛快であり、ホームズの物語の中でも名作の一つと思う。特に私が印象的なのは、次のホームズのセリフだ。

"What one man can invent another can discover"
「人が発明したものなら、人が解読することができる」

これが真実かどうかは、この本の後の章でも議論することになるだろう。

「踊る人形」の難読化

『踊る人形』は二一世紀の今日読んでも、とてもおもしろい物語である。一方で、守秘性を高度に担保したい立場としては、この暗号方式は単純すぎると言わざるをえない。

大学院の講義で、「『踊る人形』の暗号を難読化せよ」という課題を出したことがある。レポート課題などではなく、余興としての出題であったが、バラエティに富んだ解答が寄せられた。

(1) 一つの文字に複数の人形を対応させることで、出現頻度では文字がわからなくなるようにする
(2) 冗長な記号列に変換し、どこに意味のある情報があるのかを、別のやりかたで示す

(3) ホームズの理解できない言語を使う

(3)はともかく、(1)、(2)などはたしかに有効だろう。
もう一つ考えられるのは、文字の置換だけでなく、位置の入れ替えを行うやりかただ。
ここで、最後に出てきた暗号文を考えてみよう。

COME　HERE　AT　ONCE

これを四文字ずつ組にして、以下のように入れ替える。

1→3→4→2→1

すると、人形は次のように並ぶことになる。

OE　CMEE　HRT　NAOEC

ホームズの推理では、英語で一番使われる文字はEであった。次はおよそ、T、A、O、I、N、S、H、R、D、Lの順であるという。

仮にここで、Eが正確な位置に入ったとして、

★E　★★E　★★★　★★★E★

さらに、T、A、O、I、N、S、H、R、D、Lまで入ったとして、

OE　★★E　★RT　NAOE★

となる。いかにホームズといえども、ここから先に進めるのは、至難だろう。順番の入れ替えを考慮すると、問題はとたんにむずかしくなる。先に文字を特定しようとすると、途中段階で意味のある文章を組み立てるのが困難だからだ。このような場合、まずは順番の入れ替えについて場合を尽くす必要が出てくるだろうが、四文字ずつの入れ替えにしても、四の階乗（二四）通りの場合があり、それぞれについて、ホームズがやった推理を繰り返すことになるからだ。

これはたいへんだが、人間の力で解くことができないというわけではない。しかし、さらに四文字を八文字にしたり、変換を複数回やるなどすれば、解読はもっとむずかしくなるだろう。こういう文字の置換と場所の入れ替えは、現代のＡＥＳ暗号（第五章）でも使われているのである。

『踊る人形』の「悪」

『踊る人形』で、どういう行為が「悪」とみなされるか、それは犯罪として証拠立てられるか、について考えてみよう。

まず暗号の発明者。これは守秘通信の一つの方式を考案しただけで、犯罪性はない。

次に、これを使って脅迫状を送りつけた犯人。彼の行為は、明らかに「悪」である。もっとも、暗号が解読されないかぎり、人形の絵だけで彼を犯罪者として検挙することはむずかしい。脅迫の証拠が示せないからだ。

人形の絵を書いたのが彼であることがわかっており、ホームズがこれを解読できたとして、本人の自白なしに彼の絵が脅迫文であることが証拠立てられるだろうか。ホームズが解読した時点では、人形と文字の対応は、推理に過ぎない。一通りの読み方があったからといって、他の読み方がないとは言えないのである。

この物語の優れている点は、ホームズが人形の暗号文を送り、犯人に解読させて呼び寄せたところである。これによって、犯人の逃亡を防ぐだけでなく、「ホームズが推理した通りの暗号を犯人が使って行動している」ことが証明されるからである。

犯人の言い逃れとしては、「自分もホームズと同じ推理をして暗号を解読した」と主張する可能性もある。だが、の一文だけでは、いかに推理力のある人でも、人形と英文字の

対応を決めることはできないだろう。ここで、犯人が厳密に特定されたといってよい。最後に、ホームズ自身が「踊る人形」を使って容疑者をおびき出したことに犯罪性はないか。答えは自明で、ホームズは「すぐ来い」と言っただけで、脅迫行為などは一切していないから、犯罪性はない。

以上、『踊る人形』は、暗号の作り方に甘さはあるが、暗号を使った「悪」のありかを特定するという点では周到であること、ご理解いただけたかと思う。

二・四　電気による通信・放送と「悪」

電信・電話の発明と普及

表2・1に、一八世紀後半から一九三〇年までの通信・放送の歴史をまとめた。これを見ると、電気を使った通信の可能性は、すでに一八世紀半ば（腕木通信が発明される半世紀前）から検討され、実験されていたことがわかる。

電線を敷設して電気信号を伝播させる通信は、一九世紀前半に技術開発が行われ、一気に実用化された。腕木通信と比較して、伝送速度、中継所のコスト、人件費、エラー率など多くの点で有利であったため、電気通信はほどなく腕木通信を駆逐して、通信の主流となる。さらに、腕木通信が主として国内の通信ネットワークを作ったのに対して、電信は世界中の国々をつなぐようになった。

表 2.1 通信・放送の歴史

世紀	年	出来事
18	1746	ジャン・アントワン・ノレーによる電気伝送の実験
	1753	静電気電信の提案（スコット誌投稿）
	1774	ルサージュによる電信の実験
	1793	クロード・シャップ，腕木通信を発明
	1800	ボルタによる電池の発明
19	1820	エルステッドによる電流の磁気作用の発見
	1832	シリングによる電信機の発明
	1837	クックとホイートストーン，ユーストン－カムデンタウン間での電信実演
		モールスによるモールス符号の考案
	1844	ワシントン－ボルチモア間のモールス式電信開通
	1846	フランスの腕木通信のピーク，4081 km
	1850	イギリス－フランス間海底ケーブルによる電信サービス
		アメリカの電信線の総距離 2 万 km に達する
	1851	フランスで腕木通信廃止
	1858	大西洋横断海底電信線敷設（1866 年完成）
	1864	マクスウェルの方程式：電磁波の存在を予言
	1865	万国電信連合の発足
	1876	グラハム・ベルによる電話機の発明
	1878	ジョージ・W・コイによる電話交換機の開発
	1880	ベル電話会社設立
	1887	海底電信線の総距離 21 万 km を超える
		ハインリヒ・ヘルツによる電磁波の実験
	1895	マルコーニが無線電信機を発明
	1897	ブラウン管の発明
		マルコーニ，無線電信の商用化
20	1902	イギリス，世界を 1 周する電信網を構築
		レジナルド・A・フェセンデンが無線電話の実験に成功
	1911	ボリス・ロージング，ブラウン管を用いたテレビの送受信実験を公開
	1920	フランク・コンラッドが商用ラジオ局開設
	1929	イギリス，ドイツでテレビ実験放送開始

注目すべきは、第一に電気信号の伝送技術であるが、第二にこれに向いた情報の符号化技術がある。モールス符号と呼ばれるトン、ツーと三種類の空白からなる符号方式が使われるようになるのだ。

モールス符号に基づく通信は、すべての情報を有限個の記号の列に置き換えるという点でディジタル通信である。ただし、二進数による符号化ではない。

電話の発明は、一八七六年、グラハム・ベルによると言われているが、いくつかの異論がある。ベルは翌年に特許を取得しているが、イライシャ・グレイらとの間で多くの訴訟が繰り広げられたからである。

電話は、人間の声を電気信号に変えて、電線でこれを運び、目的地で電気信号を再び人間の声として再生するものだ。発明されてから一〇〇年以上は、電線で運ぶときに、アナログ電気信号を使っていた。

電話は当初、二台の電話機を電線でつないだだけの固定された一対一の通信装置だったが、一八七八年にジョージ・W・コイが電話交換機を発明し、多数の加入者間で任意の相手を選ぶ通信が可能となった。交換機は、当初、人手で線をつなぐものだったが、やがて電子交換機となって自動化される。

以上すべての通信は、電信も電話も、電線に電気信号を通すことが前提となっていた。一八六四年、マクスウェルは自分が定式化した方程式から電磁波の存在を予言した。その後、一八八七年にヘルツが電磁波を確認したことに引き続き、一八九五年には、マルコーニが無線電信機を発明して、無線電信を商用化（一九八七年）した。さらに、一九〇二年にはフェセンデンが無線電話の開発に成功した。

電磁波は、通信だけでなく放送にも使える。一九二〇年には、フランク・コンラッドが商用ラジオ局を開設した。一九一一年にはボリス・ロージングがブラウン管によるテレビの送受信実験を行い、一九二九年にはイギリスとドイツでテレビの実験放送が始まっている。

以上、通信・放送の歴史をごく簡単に振り返った。ここで観察されることをまとめておこう。

① 技術の発明から実用化までの時間は、新しい技術ほど（時代が下るほど）短い。後になるほど、国家規模、あるいは地球規模の市場展開を考慮した発明がなされるようになる。

② 通信技術は、国家の繁栄や威信と一体不可分のものである。戦時はもとより、平時の経済活動においても、通信によって国家間の格差が生じている。

③ 電信は腕木通信を完全に駆逐した。しかし、電話が電信を駆逐したわけではなく、無線が有線を駆逐したわけではない。トレードオフの関係にある技術は共存する。

映画「スティング」に描かれた「悪」

電気通信を使った詐欺の一例として、映画「スティング」に登場するペテンをとりあげよう。

時は一九三六年。舞台は米国シカゴにある競馬の場外賭博場。ここでは二種類の通信が使われる。

Ａ　賭博場にレースの結果を伝える電報
Ｂ　ギャングのボスにレースの結果を伝える電話

本来であれば、ＡとＢは同時刻かＢがＡより後になる。Ａの到着は、同じ情報を伝達するどんな手段よりも早くなければ賭けにならないのだ。でも、ギャングのボスは悪の権力者。Ａの時刻をＢの時刻より遅らせるように、電報局の担当者を恐喝・買収する。レースの結果を、公式の知らせより先に知ろうというわけだ。

ＢがＡより早い場合、時間差を利用したイカサマが可能となる。話は簡単、Ｂを聴いてから勝ち馬に賭け、Ａを待てばよい。ギャングのボスは、このやりかたでまずお試しの少額を賭け、儲けが出ることを確認してから、五〇万ドル（今のお金で約一〇億円）の大金を賭ける。

しかし、この話には、さらに大がかりな詐欺が仕組まれていた。詐欺師とその仲間たちが、電報局の担当者、ＦＢＩ捜査官などになりすまし、このボスを陥れたのである。ボスが単勝で賭けた馬は、実際は二着であり、その後、修羅場（拳銃の撃ち合い＝これもお芝居）があって、ボスは退場。五〇万ドルは詐欺師たちの手に落ちる。

この話の「悪」を演出するのが、電気通信とそれに関わる人間たちである。これについて考えてみよう。

イカサマを仕組んだギャングのボスの行為は、もちろん「悪」である。これは、丁半賭博でサイコロに鉛を入れたり、下からサイコロをつついて出る目を変えたりするのと同じことだ。

次に、電信局の担当者。恐喝・買収されて情報を遅延させる行為は、もちろん犯罪であり、「悪」である。買収されたフリをしてボスを騙す行為が詐欺にあたるのかどうかが次の問題だが、彼は詐欺によって利益を得るために騙しているのであり、やはり「悪」ということになるだろう。

最後に、これらをすべて演出してボス一派を騙す詐欺師たちであるが、こちらも当然犯罪者である。彼らが騙し取った五〇万ドルは、素性の怪しいお金ではあるが、明らかに彼らに所有権はない。

映画「スティング」の「悪」を防ぐには

情報通信の立場からいえば、「スティング」の悪は、電報局から定時に正確な情報が伝達されれば、防ぐことができる。これを確かなものにするためには、電報を打つ人の監視などによってチェックをするとともに、打電した電文が正しいことを証明する必要がある。

これには、打電する人（組織）が有資格者であることを証明するもの（書類など）が必要だろう。その上で、情報が途中で改竄されていないことを証明しなくてはならない。今であれば、これには、認証局を設け、さらに情報にハッシュ値を付与するなどするところだ（第五章）。

二・五　近代情報戦の覇者・イギリス

有史以来、戦争といえば、弓矢から銃や大砲で戦うものという印象がある。近代になって、毒ガス・戦車・戦闘機・潜水艦そして核兵器が使われるようになった。武器の技術力と物量、将兵の優秀さと戦術の的確さ。こういうことで勝負が決まるというのが〈戦争〉のイメージだった。

しかし、どんな場合でも、これらの背後では、激しい情報戦が繰り広げられていた。そしてその情報戦は、口コミや手紙など、伝達に時間のかかる不正確になりがちな手段を媒介として交わされていたのである。一八世紀末の腕木通信、一九世紀の電信・電話技術の発達と通信網の整備は、こうした世界を一変させた。敵味方の情報をいち早く仕入れ、いち早くこれを利用できた国が圧倒的優位に立ったのである。

一九世紀後半においてこれを達成した国はイギリスであった。

表2・1で見たように、電信は一八三七年のクックとホイートストーンの実演に始まるが、その両端はロンドンのユーストンとカムデンタウンであった。以後、イギリスは鉄道・海運・植民地からの物資供給などと合わせて、電信の最も発達した国になる。たとえば、海底ケーブルを敷設するための蒸気船は、当初、イギリスしか持っていなかった。一八六五年にはインドとの電信ができるようになり、一八六六年には大西洋横断海底ケーブルが完成して米国と交信できるようになる。一

八七二年には、オーストラリアと電信できるようになった。

一九〇二年に世界を巡る電信網を構築したイギリスは、その情報収集力において他国を圧倒した。そのため、政治・経済・軍事のすべてでイギリスが優位に立ったのである。

一九世紀の終わりになると、産業革命の発祥国イギリスの富は、工業だけでなく、電信の手数料や、他国の海運でイギリスのロイズ社にかけられた保険料で築かれるようになった。また、取引の決済もロンドンで行われるようになり、世界経済の発展が必ずイギリスに富をもたらす仕組みを作りあげたのである。

二一世紀のデータビジネスは、これと似たところがある。現在、ネットを使ったビジネスが世界のどこかで成立するたびに、グーグル（Google）社やアップル（Apple）社が利潤を得る仕組みができているのである。情報を制するものは世界を制する。これは、コンピュータとインターネットの時代よりはるか以前から歴史に刻まれた事実だったのだ。

第三章　コンピュータの出現と「悪」

三・一　コンピュータの出現

コンピュータの出現以前と以後で何が違うか。

情報処理の速度が桁違いに向上したこと。多くの人はそう答えるであろう。これは間違いではない。最初期のコンピュータであるＥＮＩＡＣでも、毎秒五〇〇〇回の加減算ができた。人間の数千から数万倍の速度だろう。

しかし、これは本質的な差ではない。計算速度なら、電卓でも達成できる。コンピュータは電卓とは本質的に違うものなのである。

何が違うか。

コンピュータは、プログラムを動かす機械だ、ということである。プログラムは、命令の列として記憶装置に蓄えられる。これを解釈実行するのがコンピュータなのである。命令は、記号の列であり、普通は二進数で表現される。命令はデータとして表されるのである。人間の歴史で、データを記号や数字で表し、これを操作することは紀元前から行われていた。しかし、操作そのものを数字で表し、これを解釈実行することは、コンピュータの出現以前にはなかった。有史以来数千年を経て、人類ははじめてこれを手に入れたのである。

プログラムがデータとして表現でき、これを実行する機械（＝コンピュータ）が存在するということは、人間はプログラムを書きさえすれば、あとはこの機械が結果を導いてくれるということである。「結果」は数値や記号で表現されることもあれば、ロボットの動作や自動車の走行、映画の上映や音楽の演奏、買い物や知識の取得、お金の出し入れや投資など、実にさまざまである。同時にこれは、プログラムの改竄という「悪」をもたらすことにもつながる。

それまでも、デマや情報の改竄という犯罪はあった。第二章で、腕木通信や電報の改竄を扱った通りである。コンピュータの場合、これは、記憶装置に蓄えられているデータを改竄することで行える。

コンピュータの登場は、プログラムの改竄というさらに大きな「悪」をもたらした。プログラムで表現される操作自体を改竄することにより、出力される数値や記号、ロボットの動作、電車や自動運転車の運行、株取引や商取引、はては原子力発電所の挙動や核ミサイルの発射までが、操られることになる。第一章で見たスタックスネット事件などは、その例である。

本章では、まず、史上最悪の戦争である第二次世界大戦とコンピュータの開発を簡単に振り返る。続いて、インターネット以前にあったコンピュータ利用の「悪」について述べる。

三・二　ツーゼのZ3

電気を使ったコンピュータの開発は、ドイツ、イギリス、アメリカで同時期に行われた。

ドイツではコンラート・ツーゼがZシリーズを製作し、稼働させた。特に一九四一年に完成したZ3（図3・1）は、プログラム可能な世界初のコンピュータであった。ツーゼは、浮動小数点演算を実装し、高級言語を設計するなど、先進的な業績をあげている。

図 3.1　Z3のレプリカ（ドイツ博物館蔵，Wikipedia "Zuse Z3" より）

ツーゼの研究開発は、ドイツ政府の援助を得て行われたが、ナチス・ドイツはZ3の後継機に対して必要な資金を提供しなかった。このことは、当時のドイツ政府が、ロケット兵器や原子爆弾などの開発に注力したものの、コンピュータの重要性については十分に認識していなかったという評価につながっている。

三・三　テューリングと暗号解読

ナチス・ドイツの暗号エニグマ

図 3.2　エニグマ暗号機（Karsten Sperling）

エニグマ暗号は、図3・2の機械によって暗号化・復号が行われる。入力はキーボードを使い、文字を別の文字に置き換えることで暗号化される。この対応は一文字対一文字である。図のキーボードのキーを一つ打つと、暗号化された文字に対応するランプボードのランプが一つ点灯する、という仕組みである。

文字の置き換えが固定されたものであれば、第二章でとりあげたホームズの「踊る人形」と同じものとなる（人形はアルファベットとなる）。これでは強度が低いので、エニグマでは、一文字入力するごとに置き換え規則を変えることで、難読化している。

図でローターと印のある回転装置がこれにあたる。ローターは、二六個の置き換え表を、一文字ごとに順番に使う。図の暗号機では、このローターを三つ用意してあり、これを直列接続して用いている。

最初のローターの表を二六個使い切ると、二番目のローターの表が次のものに移る、同様に二番目のローターの表を使い切ると、三番目のローターの表が次のものに移る、というふうに、全部で二六の三乗、すなわち一万七五七六個の変換表が使われることになる。一つ一つのローターに入っている変換表は固定されているが、ローターそのものは取り外しが可能であり、何種類かのローターを入れ替えて用いていた。

エニグマではさらに、プラグボードが設置され、ケーブル配線を使った文字の置き換えを行っている。これは、暗号機が盗まれるなどしたときに、配線を差し替えることで難読化を図るためであった。

図3・3に、エニグマ暗号機の動作を示す。矢印のついた線は、電流を表したもの。①から順番に矢印に沿って電流が流れる。

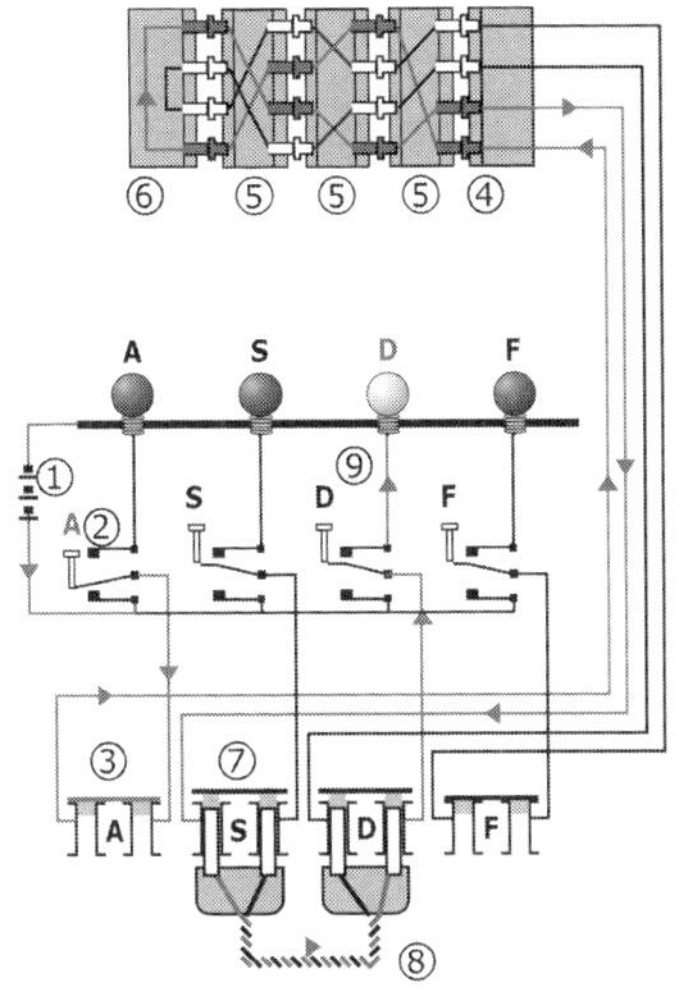

図 3.3 エニグマ暗号機の動作（Wikipedia“エニグマ暗号機”より）

今、キーボードでAという文字を打つ（②）と、プラグボード（③）を経て、ローターに電気信号が送られる。Aはプラグボード上でのケーブル配線はないので、そのままAとしてローターに送られる（④）。ここで三個のローター（⑤）を経由して文字の置き換えが行われる。次に、反転ローター（⑥）という機構によって、信号が逆向きになり、三個のローターを逆方向に使って文字の置き換えが繰り返される（⑤）。この結果がキーボードのSに戻される（⑦）が、プラグボードの配線（⑧）によって、電流はDに送られ、Dのランプが点灯する（⑨）。ローターの表は一文字の暗号化が行われるたびに、先に述べた規則で置き換えられてゆく。

反転ローターは、もとの文を暗号文にする作業と、暗号文をもとの文に戻す作業を、同じ機械の同じ手順で行うためのもので、これによって、エニグマ暗号機は再設定することなく、暗号化・復号ができるようになっている。

エニグマの解読とアラン・テューリング

文字を一対一で置き換えるエニグマの手法は、今日から見れば単純なものだが、組み合わせの数は膨大である。当初これを解くのは不可能と考えられていたが、一九三二年にポーランドの数学者レイェフスキーらが解読に成功する。

その後、ドイツ側は、エニグマ暗号機の構造を、動作原理はそのままに複雑化（ローターの数を増すなど）した。

これを解読したのが、イギリスのアラン・テューリングのグループであった。テューリングらが作った暗号解読機は、ボンブ（Bombe）と呼ばれ、総当たり方式でエニグマ暗号機の動作を特定していくものである。ボンブは電気機械式にエニグマをシミュレートする装置だったが、暗号解読機としてエニグマ以外にも使用できる汎用性を持っていた。といっても、今の汎用コンピュータとは異なる装置だったが、定められた手順に基づいて計算を行う機械という点で共通するものが認められよう。実際には、これ以外にも、ドイツの信号発信者の癖を見抜くなど、人間的な要素も入れて、はじめて解読が可能となった。

アラン・テューリング（図3・4）は、コンピュータの理論的基礎を築いた人物として知られる。彼の名を冠したテューリング・マシンは、アルゴリズムを実行する機械、つまりコンピュータの数学的モデルとして、情報科学の教科書の冒頭に紹介されている。

第二次世界大戦中にエニグマの解読に従事したテューリングは、戦後の一九四六年、プログラム内蔵式のコンピュータACEの設計を行ったが、彼自身の手でこれを完成させることはできなかった。

図3.4　アラン・テューリング（Wikipedia“アラン・チューリング”より）

コヴェントリー爆撃——テューリングとチャーチル

戦争はそもそも「悪」であるが、戦時の作戦についても善悪が問われることがある。情報産業や情報学に携わる者にとって、以下の逸話はその中でも有名なものだ。

図 3.5　爆撃で焼け落ちたコヴェントリー大聖堂
（Coventry Cathedral の Twitter より引用）

ボンブによってエニグマの解読に成功したテューリングたちは、イギリス本土にドイツによる空爆が行われることを知り、チャーチル首相に報告する。場所は、自動車産業で知られるコヴェントリー、日にちは一九四〇年一一月一四日。

ところがチャーチルは、この情報を黙殺する。その結果、コヴェントリーは町の中心地の大部分が破壊された（図3・5）。

チャーチルの意図はこうである。ここでコヴェントリー空襲を防げば、エニグマが解読されたことをナチス・ドイツに察知される。すぐにナチスはエニグマを難読化するだろう。首都ロンドンの防衛などを考えれば、ここはコヴェントリーを犠牲にして、来たるべき決戦の日のためにエニグマ解読成功を伏せておくべきである。

これは、いかにももっともらしい話だ。私なども若い頃、年配の先生方から、「学問と政治はこのように相克するものだ」という典型例として教わったことがある。

ところがこのお話、ボンブで暗号解読に成功していたのは事実のようだが、標的がコヴェントリーであることまではわかっていなかった、ということらしい。BBCニュースなど多くの記事がそのように報告しており、今では定説と言ってもよいようだ。イギリス側は、当日空爆があり、標的のコードネームが「Ｋｏｒｎ」であることまでは突き止めていたが、これがコヴェントリーを意味するものであることはわからなかったという。

映画「イミテーションゲーム」では、イギリスの旅客船団が大西洋でドイツのUボートに襲われるという情報を、テューリングが自ら伏せる、という事件が描かれている。結果、五〇〇人の民間人乗客が犠牲になったのであり、その中にはテューリングの同僚の兄が乗っていた（この話、真偽のほどは定かではない）。

コヴェントリー空爆にしても、Uボートの襲撃にしても、解読した暗号を隠蔽することが「悪」でないかどうかは、意見が分かれるだろう。戦局を有利に進め、多くの人々を救うという点では悪ではないと言えるかもしれないが、目線を低くしてコヴェントリーの住民や船の乗客を見るとどうだろうか。あるいは、自分がそれぞれの立場だったらどうだろうか。

「イミテーションゲーム」では、兄を見殺しにされる同僚が、泣きながら「神じゃないのに生死の決定はできない」と言うシーンがある。それに対するテューリングの答えは、「それでもやる。他の誰もできないから」というものだった。

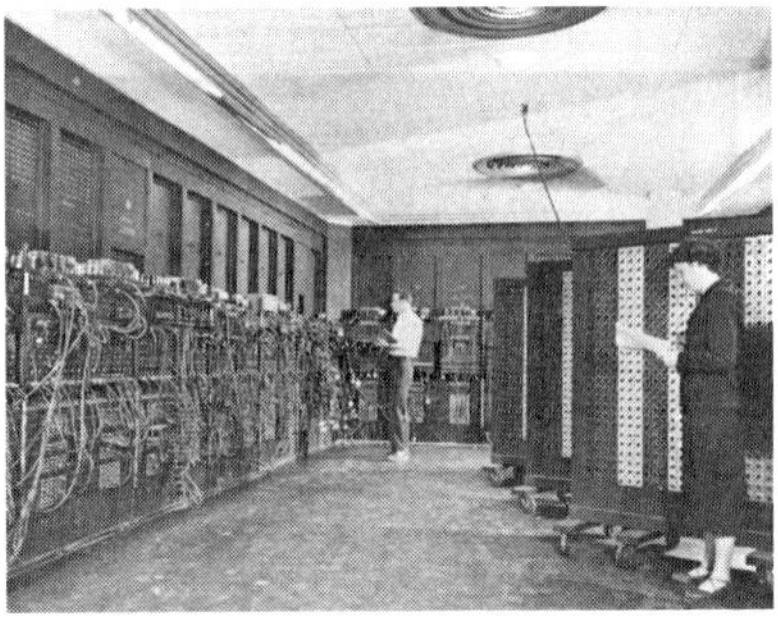

図 3.6　ENIAC（Wikipedia“ENIAC”より）

三・四　ENIAC、EDVACとフォン・ノイマン

ENIACの誕生

世界初の実用コンピュータは何かと尋ねられて、ENIACの名を口にする人は多いだろう。

ENIACは、アメリカ陸軍の弾道計算を目的として、ペンシルベニア大学のプレスパー・エッカートとジョン・モークリーによって設計・製作された。一万七四六八本の真空管から成るディジタル計算機（一〇進式）で、一九四六年に完成した（図3・6）。最初のプログラムは、水素爆弾に関する計算であったという。設置面積は一六七平方メートル。消費電力は一五〇キロワット。今でいうスーパーコンピュータに匹敵する規模ながら、性能は一秒あたり加減算が五〇〇〇回であった。今のパソコンがこの一〇〇万倍の性能を持つことを思えば、隔世の感があろう。

ENIACは当初、プログラミングのできる計算機ではなかったが、改良されてこれができるようになった。

ボンブと同様に、ENIACの用途が戦争であったことは記憶されねばなるまい。

EDVAC

EDVACは、ENIACの後継機として同じグループにより設計され、一九五一年に稼働した。当初の設計は、エッカートとモークリーによるものであったが、フォン・ノイマンも参加している。EDVACは二進数による計算機であり、プログラムをメモリに格納してこれを取り出しながら実行するという今のコンピュータの原型となるものであった。

このときの『EDVACに関する報告書の第一草稿』と題する報告書がフォン・ノイマンの署名であったことから、以後、プログラム格納方式のコンピュータをフォン・ノイマン型コンピュータと呼ぶことになる。この呼び名は、すっかり定着してしまったが、正確には、エッカート・モークリー型と呼ぶべきかと思う。

図 3.7 ジョン・フォン・ノイマン（Wikipedia "ジョン・フォン・ノイマン" より）

フォン・ノイマンと「博士の異常な愛情」

EDVACの開発に登場するフォン・ノイマン（図3・7）は、二〇世紀を代表する科学者の一人だ。その業績は、数学・物理学・情報科学・経済学・気象学など多岐に亘る。特に、マンハッタン計画に参加し、大型爆弾を爆発させるのに最適な高さを求めたこと、ファットマンと呼ばれるプルトニウム型原子爆弾（長崎に投下）の爆縮装置を設計したことがよく知られている。

マンハッタン計画の後も、彼はアメリカの核開発に関わり続け、水素爆弾の開発に携わることになる。

彼は、思想的にはタカ派で過激なところがあり、スタンリー・キューブリック監督の映画「博士の異常な愛情」のモデルになったと言われている。マッドサイエンティストの代表とみなされたわけだ。原子爆弾を投下する場所として、歴史と文化の町京都を強く主張したし、後には、「今すぐに水素爆弾をモスクワに落とせ」とも発言している。

三・五　二人の天才の末路

悪人か、善人か

黎明期のコンピュータを語るとき、アラン・テューリングとフォン・ノイマンの名前は欠かせないものだ。二人はともに、第二次世界大戦とこれに続く冷戦初期の世界を生き、幸福な晩年を迎えることなく亡くなった。

テューリングは暗号解読の仕事をしたために、その偉大な業績は国家機密とされた。一九四六年に大英帝国勲章を授与されているが、一般社会では名声を得ることがなかったのである。それぱかりか、彼は、国家機密を知る人間として監視下に置かれた。その上、同性愛者であったために、逮捕されて有罪（当時のイギリスでは同性愛は違法だった）となり、ホルモン投与を受けたりもした。テューリングは、一九五四年、自宅で青酸中毒により死亡した。死因審問で自殺とみなされたが、母親は事故死だと主張している。いずれにしても、彼は自分が世間から正当な評価を受けているとは思っていなかっただろう。

テューリングが再評価され、名声を獲得するのは、死後一〇年以上が経ってからで、国際学会ACM（Association for Computing Machinery）が情報科学のノーベル賞と言われるテューリング賞を設けたのが一九六六年、彼を主人公にした戯曲「ブレイキング・ザ・コード」が上演されたのが一九八六年、ゴードン・ブラウン首相が彼の逮捕に関して謝罪したのが二〇〇九年、女王エリザベス二世によって正式な恩赦が与えられたのが二〇一三年（！）であった。

他方のフォン・ノイマンは戦後も栄光に満ちた学究生活を送り、また政府や大企業の顧問などをつとめた。しかし、核実験の観測時などで被爆したことが原因となって、癌を患い、一九五七年に五三歳で病死した。

数学者・科学者・情報科学者としてのこの二人の業績は、人類の金字塔とも言うべきものである。それは、暗号を解く、原子爆弾を作る、といったことではなく、コンピュータの基礎理論を作り、人工知能など先進的諸分野への扉を開いたことにある。

一方で、戦争協力については、科学者というよりは一人の人間の人格的問題として捉えるべきであろう。テューリングの暗号解読は、それ自体が人を傷つけたり財産を奪ったりするものではなかったし、多くの人命を救ったから、善というべきかもしれない。ただし、チャーチルやUボートの逸話（おそらくはフィクション）にあるような政治や軍事の力学と接していたことは間違いないだろう。同性愛については、今から見れば、テューリングに非のあるはずはなく、彼を罰したのは当時のイギリス社会や司法制度の問題（あえて言えば「悪」）であった。

フォン・ノイマンは、マンハッタン計画の中心人物の一人であり、積極的な態度でこれを進めた点で、また「京都に原爆を」「ただちにモスクワに水爆を」など公式の場で発言している点で、「悪」の印象を拭いきれない。キューブリックが描いてみせたほどの狂信的な科学者ではないにしても、数学や科学を人倫よりも優先する人物として、長く記憶されるのではないか。

三・六　コンピュータの進化

コンピュータは当初、真空管やリレーを使って実装されていた。実装規模・消費電力ともに大きく、計算性能や信頼性は、今から見ればとても低かった。

コンピュータの歴史は、「もっと小さく、もっと速く」の歴史である。ハードウェアの素材が半導体になり、微細加工技術が駆使されるようになって小型化が進んだ。小さくなれば製品コストが下がる[1]し、配線の長さが短くなって、計算速度が向上し、消費電力が下がる。

こうした素子技術だけでなく、構成法・動作方式の改良——パイプライン処理、並列処理、キャッシュなど——によってもコンピュータの速度は飛躍的に向上した。

コンピュータの中央処理装置（CPU：Central Processing Unit）は、今では一センチ角程度の半導体チップに実装されるのが当たり前になった。これをマイクロプロセッサという。

最初のマイクロプロセッサが作られたのは、一九七一年と言われている。インテル（Intel）社の4004、CADC社のMP944、TI社のTMS1802NC、NECのμPD707などがこれである。

当初は四ビット幅などのきわめて小規模なCPUだったが、年を追って飛躍的に高集積化・高速化していく。

マイクロプロセッサの集積度・性能、メモリの集積度は毎年一・五倍から一・六倍になる
インテル創業者のゴードン・ムーアの名前をとって、これは「ムーアの法則」と呼ばれる。「法則」の名を持つが、自然の法則ではなく、半導体産業・情報産業の努力目標と呼ぶべきものである。
しかし、このムーアの法則は、一九七〇年から二〇一〇年代まで半世紀近く守られ、コンピュータ

1　ただし、回路規模が増大し、設計が複雑化して設計コストは上がる。パソコンやスマートフォンなど、億単位で売れる商品の場合、設計コストの相対的な重みは小さくなる。

の小型化・低コスト化・省電力化が果たされた。指数関数的発展がこれだけ長く続いたのは驚異的である。

マイクロプロセッサは、一九七〇年代は、当時の大型コンピュータと比較すればおもちゃに過ぎなかった。一九八〇年代もワープロや表計算、お絵かきなど、身近なアプリが中心であった。それが、Windows95が発売された一九九〇年代からインターネットとともに情報処理の主役となる。今では、スーパーコンピュータ（大型の超高速コンピュータ）からサーバ、パソコン、自動車、携帯電話、家電のリモコンまですべてマイクロプロセッサが入って動作している。

図 3.8　Intel 4004（Wikipedia “Intel 4004” より）

最初期のマイクロプロセッサであるIntel 4004（図3・8）と現在のＣＰＵであるAMD Ryzen9 5950Xを比較してみよう（表3・1）。

インテル４００４のトランジスタ数は２２５０だったのに対して、Ryzen9は公開されていないが、一〇〇億以上であることは間違いない。一〇〇〇万倍程度の集積度向上があったということである。クロック周波数は約七〇〇〇倍、ビット幅（ワード幅）は四ビットから六四ビット、コア数（＝一チップに入っているプロセッサの数）は一個から一六個となった。集積度・処理速度とも、この半世紀で飛躍的な進歩を遂げたことが見てとれるだろう。この進歩が、情報化社会の基盤になったのである。

表 3.1　今昔マイクロプロセッサの比較

	Intel 4004	AMD Ryzen9 5950X
発表年	1971	2020
トランジスタ数	2250	未公開
クロック周波数	500-741 KHz	3.4-4.9 GHz
プロセス	pMOS	CMOS
デザインルール	10 μm	7 nm
ダイの大きさ	3 mm × 4 mm	2x 80.7（CCD）+ 125（I/O）mm^2 *
ビット幅	4	64
コア数	1	16

* CCD: CPU Complex Die, IOP=I/O Processor.

なお、微細加工は、最終的には量子効果によって限界が来るのだが、現実には素子の特性ばらつきやリーク電流の問題が大きくなってきた。また、製造工場の建設にかかるコストも増大している。これらのために、二〇一〇年代後半には、「ムーアの法則は終わった」と言われるようになった。

三・七　コンピュータと「悪」

コンピュータは「悪」か

コンピュータは人が書いたプログラムを解釈実行するだけの受動的な機械である。その動作に善悪があるとすれば、プログラムの作者やこれをコンピュータに投入・稼働させる人間にあるのであって、コンピュータ本体にではない。

ＳＦ映画には、自らが自発的に考え、行動する人工知能（ＡＩ：Artificial Intelligence）やロボットが登場するが、これの頭脳は、今のコンピュータとは原理的に異なるものなのである。

一方、コンピュータは「悪の手先」として使われることがしばしばある。イギリスのコンピュータ開発はドイツ軍の暗号解読を目的としてスタートしたし、アメリカのＥＮＩＡＣは弾道計算のために作られ、水素爆弾に関わる計算に使われた。今でも、コンピュータの用途の中で、軍事は大きなものだし、スーパーコンピュータは一部この目的で作られている。

コンピュータを使った「悪」は戦争だけではない。コンピュータへの侵入と不正操作、個人情報の違法な取得や改竄、銀行口座からの窃盗や口座を使ったロンダリング、誹謗中傷、なりすましによる詐欺（フィッシング）などなど。およそ「悪」と呼べるものはコンピュータ上で実現される。殺人や傷害はないと思われるかもしれないが、原子力発電所や水道局のコンピュータに侵入して制御を乗っ取れば多くの人を害することができるし、電子カルテの改竄などによって、人の健康を損ねることもできる。

以下、コンピュータがネットワークに接続されずに単体で使われている場合の「悪」について考えてみよう。この場合でも、ＵＳＢメモリなどの記憶媒体を介して「悪」が伝染することはあった（ネットワーク犯罪については、第四章でとりあげることとする）。

コンピュータへの「悪」

コンピュータへの「悪」で最も単純なものは、物理的破壊や窃盗だろう。筐体や基板や素子をハンマーで打ち壊したり、火をつけたり、盗み出したりすることだ。

物理的な破壊や窃盗は、中に入っているデータやプログラムの窃盗や破壊とは違うものだ。後者は、磁気テープなどでバックアップをとっておけば復活させることができるし、暗号化するなどで盗み見も防げる。

しかし、今と違ってハードウェアが高価な時代には、本体を盗み出すことや、破壊することには意味があったのである。

一九七〇年代までに情報処理の主流であった汎用コンピュータは設置面積が広く重量があって、持ち出せるものではなかった。同じ頃、パソコンの性能は今の一万分の一程度であったが、パソコンは今より高価なものであり、盗難はしばしば起こっていた。

コンピュータへの「悪」で、物理的な破壊や窃盗よりもたちが悪いのは、ソフトウェア（＝プログラム）に対する攻撃である。

コンピュータの基本ソフト（オペレーティングシステム、略してOSと呼ばれる）は、特権モードで実行されているが、この特権を手に入れる（管理者のパスワードを不正に入手する）ことによって、対象とするコンピュータを自由に動かせるようになる。具体的には、アプリケーションプログラムを不正な動作をするものに入れ替えたり、ユーザのファイルやアカウントを消し去ったり、機密データを盗み出したり改竄したり、と何でもできるようになってしまう。

そこまでいかなくても、特定のユーザのアカウントを乗っ取れば、そのユーザのファイルの盗み見や改竄・消去ができるようになる。あるいは、次にそのユーザがコンピュータを使ったときに、おかしな動作をさせる、ユーザの入力をすべてトレースするなども可能となる。

ベストエフォート

パスワード管理を厳密に行い、機密データを暗号化するなどすれば、多くの「悪」は未然に防ぐことができる。しかし、それでも、ＯＳやアプリケーションプログラムに欠陥があって、「悪」に乗っ取られる可能性は残る。

ここで、現在の情報技術で広く見られる「ベストエフォート」という考え方について紹介しなくてはならない。

「ベストエフォート」とは、サービスの提供側が、最善の努力をすることである。逆に言えば、「最善の努力をするけれども欠陥が残る可能性がある。そうした状態で利用者に渡す」ということだ。

今のコンピュータのソフトウェアは、ＯＳであっても、アプリケーションであっても、多くがベストエフォートの商品として提供されている。最初にこれらを使うさい、「これを使って万一損害が出ても補償はしない」ことを契約させられている。さらに言えば、ＯＳやアプリケーションは、欠陥が完全になくなってから販売されているわけではない。誤りや欠陥があり、「悪」が侵入する余地は必ずあるものと考えて、コンピュータを使わなくてはならないのである。サービスの提供側は、ユーザからのクレームを見て、ソフトの改良を行う。今ではこれはオンラインで行われている（Windows Update などがこれだ）。

こうしたベストエフォートの考えを社会が受け入れることは、「悪」が入る余地を受け入れることでもある。これは大きな問題だが、一方で、製品開発の時間を短縮し、技術の発展を促す利点もある。たくさんのユーザからのフィードバックを製品の質の向上につなげられるので、世の中に出回ってからしばらくたったソフトウェアの安全性・信頼性は高くなる。また、製品の開発コストが抑えられ、廉価で高度なサービスが提供できるなどのメリットもある。

表 3.2　コンピュータの悪の道具

マルウェア	ウイルス
	ワーム
	トロイの木馬
	スパイウェア
	ランサムウェア
サイドチャネル攻撃	物理的観測・攻撃

マルウェア

コンピュータに侵入して「悪」を働くソフトウェアは、マルウェアと呼ばれる。マルウェアには、ウイルス、ワーム、トロイの木馬、スパイウェア、ランサムウェアなどがある。また、ウイルスという語を、マルウェアと同じ意味で広義に使うこともある。

（狭義の）ウイルスとは、他のプログラムやファイルの一部を書き換え、自己複製する機能を持つプログラムのことである。自立して動作をするのではなく、感染・寄生することで活動する（図3・9）。

ワームは、寄生するのではなく、自立して「悪」を働くプログラムであり、やはり自己複製によって広がっていく（図3・10）。第一章で述べたスタックスネットは、これに分類される。

トロイの木馬は、本書の第二章でとりあげたギリシャ神話に由来する。一見して有用そうなプログラムの中に「悪」を働く部分があり、これが起動されると、データを盗まれたり、ファイルを消去されたり、パスワードを奪取されたりする（図3・11）。

スパイウェアは、ユーザに関する情報（キー入力の履歴、ＷＷＷの閲覧履歴など）を収集し、外

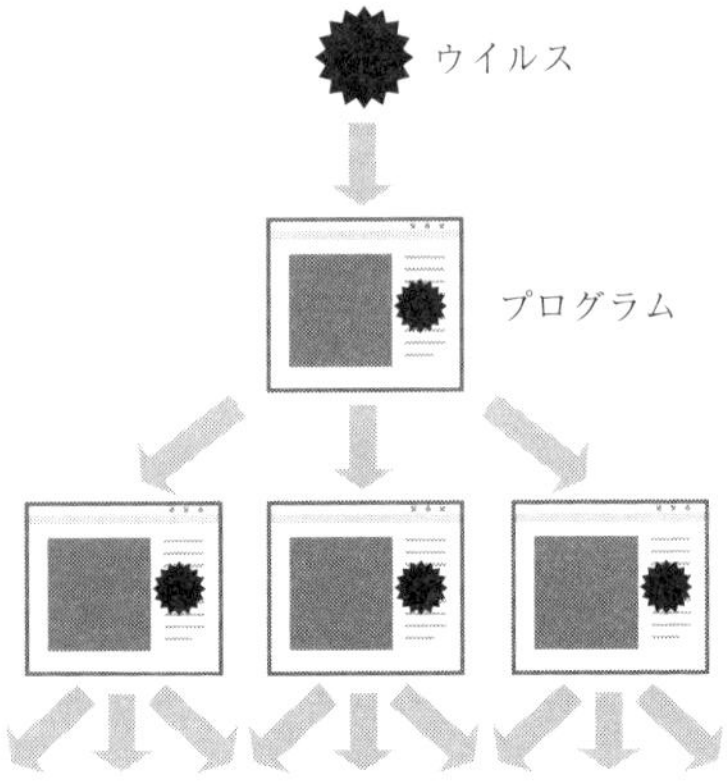

図 3.9　（狭義の）ウイルス

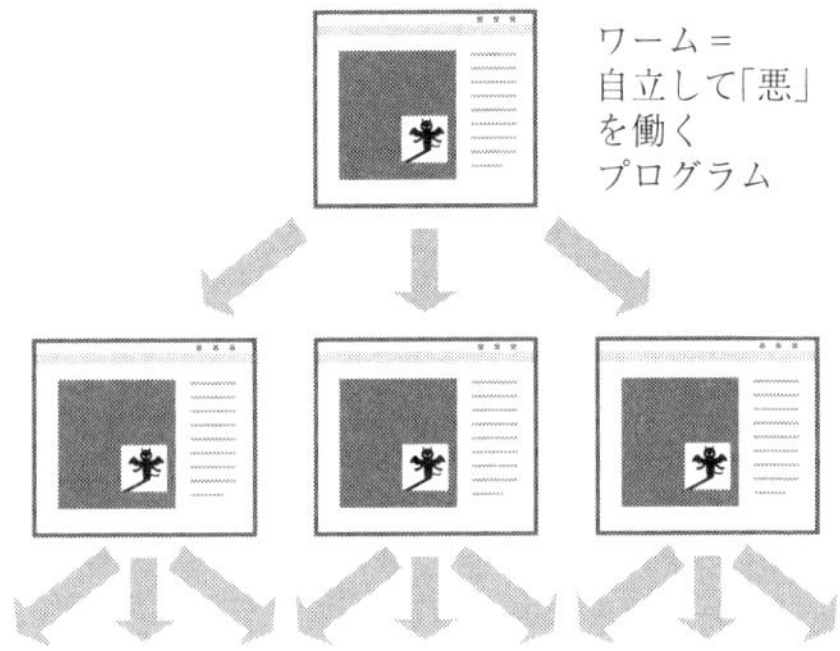

図 3.10　ワーム

部の人に報せるソフトウェアである。プライバシー侵害、個人情報の不正取得などの「悪」を働く（図3・12）。

ランサムウェアは、利用者のファイルを暗号化するなどコンピュータを使用不能にするマルウェアである。解除のためには身代金を払わなければならないが、これを支払ったからといって解除されるとは限らない（図3・13）。

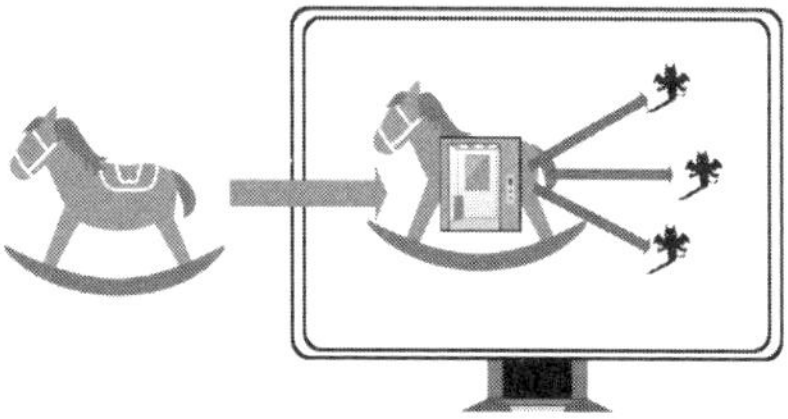

図 3.11　トロイの木馬

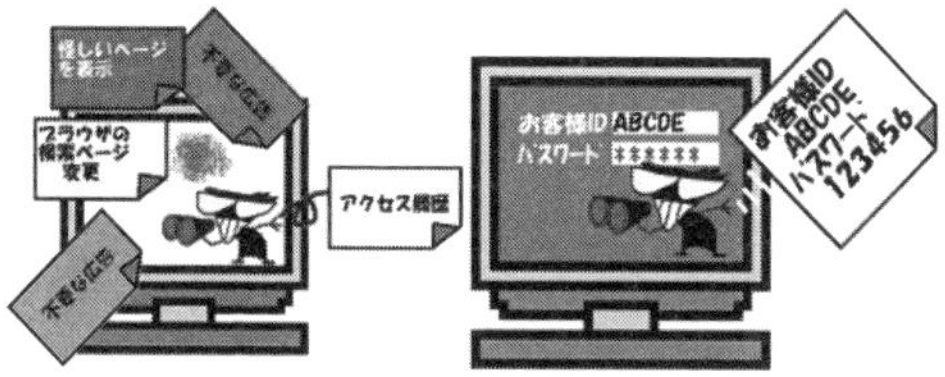

図 3.12　スパイウェア
（情報処理推進機構 Web サイト：https://www.ipa.go.jp/security/antivirus/spyware5kajyou.html より引用）

典型的なマルウェアは、以上のように分類されているが、実際には、これら複数の性質を合わせもつものも多い。その動作や人をだます手口は多様であり、日々に新しい種類の手法が考案されている。

インターネット以前のマルウェア

ウイルス、ワーム、トロイの木馬などのマルウェアは、インターネットが普及する以前から存在した。拡散速度は今とは比較にならないほど低く、被害も深刻なものではなかった。ある意味で牧歌的な時代では

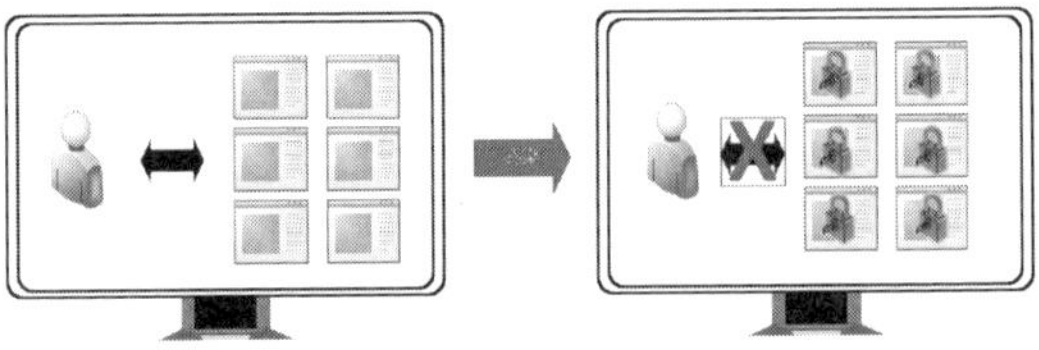

図 3.13　ランサムウェア

あったが、サイバーの脅威は、一九八〇年代からかたち作られていたのである。

最初期のウイルスと言われるものは、一九八二年にアップルコンピュータ（当時のパソコン）に感染したと言われている。中でも有名なものがエルク・クローナ（Elk Cloner）で、リチャード・スクレンタという高校生が作ったものである。これは、感染したアップルコンピュータ上にメッセージを表示させるだけのもので、感染もフロッピーディスクを介してのものであり、被害というほどの被害は生まなかった。

翌一九八三年には、南カリフォルニア大学のフレデリック・コーエンが自己増殖プログラムの実験を行い、一九八四年にはコンピュータセキュリティ学会においてウイルスに関する発表を行った。このときの発表論文が、後にウイルスの研究のもととなっている。

一九八五年には、ゴッチャ（Gotcha）が発見された。ゴッチャは、グラフィックコンバータを偽装しており、起動すると「Arf, Arf, Gotcha!」というメッセージを出してハードディスク上のデータを消去する。翌一九八六年には、同じ型のPCライトというマルウェアが登場しており、こちらが「最初のトロイの木馬」と呼ばれている。同年には、ベルリン自由大学のメインフレーム・コンピュータがウイルスによる攻撃を受けている。

一九八七年には、リーハイ（Lehigh）というウイルスが猛威をふるった。リーハイは、フロッピーディスクを四回コピーすると、コンピュータにあるデータをすべて削除するウイルスで、これまでで最もたちの悪いものであった。この頃からウイルス対策が情報社会の大きな課題となっていく。

ウイルス対策ソフトウェアの登場

初めてウイルス対策ソフトウェアが作られたのは、一九八〇年代の終わり頃である。以後、情報セキュリティの技術・産業は急速な発展を遂げるが、「悪」の技術の発達や社会展開はそれ以上に早く広範に行われている。

ウイルス対策ソフトウェア（広くはセキュリティ・ソフトウェア）については、第五章で検討することとする。

サイドチャネル攻撃

サイドチャネル攻撃とは、暗号に関わる計算をしているハードウェアを物理的に観察することで、暗号鍵などの機密情報を盗み出すやりかたである。情報の出し入れをする正規のルートでないところを使うことから、この名（＝サイド・チャネル）がつけられている。

具体的には、消費電力や電磁波の解析、キャッシュヒットの有無のチェック、ＣＰＵチップが起こす振動の解析などによって行われる。

第四章　インターネット時代の「悪」

四・一　インターネットの誕生と発展

インターネットの誕生

第二章で見たように、電信網・電話網は一九世紀に通信機の発明、通信網の開拓、無線の導入などを経て、二〇世紀の初めには人間社会の情報交換に欠かせないものとなった。二〇世紀半ばにコンピュータが発明され、一九六〇年代にメインフレーム・コンピュータが普及すると、これを使った通信が模索されるようになる。

当初、コンピュータは、メインフレームの大型機、オフィスコンピュータ、パーソナルコンピュータなどとクラス分けされていて、それぞれが異なる用途をもち、ハードウェアとソフトウェアも別の種類のものが使われていた。大型機はたくさんのユーザがバッチ（ユーザがコマンド列を投入してコンピュータの処理を待つ方式）やＴＳＳ（Time Sharing System：計算資源を時分割でユーザやプログラムに割り当てる方式）で使うのが普通で、そのための回線整備が行われた。さらに、メインフレームやオフィスコンピュータの間で、データを交換する局所的なネットワークが作られるようになった。パーソナルコンピュータは個人専用で使われ、やがてパソコン通信で仲間どうしの交流が行われるようになった。

初期のコンピュータネットワークとして、ARPANET（アメリカ）、ALOHAnet（アメリカ・ハワイ）、Mark I（イギリス）、CYCLADES（フランス）などが一九六〇年代の終わりから一九七〇年代に開発・運用された。

そうしたなかで、オープンな広域通信網の必要性が認識されるようになり、コンピュータどうしや既存のコンピュータネットワークどうしを接続するネットワークが作られるようになった。こうして誕生したのがインターネットである。

インターネットとは何か

インターネットは、インターネットプロトコルに従うコンピュータネットワークである。局所的に運用されているコンピュータネットワークどうしを接続する目的で使われることも多い。

一般にコンピュータネットワークでは、物理層からアプリケーション層までの四〜七層の階層によって通信のやりかたが定義されている。階層ごとにプロトコルが決められるので、これをプロトコル・スタックと呼ぶ。インターネットのプロトコル・スタックは、図4・1のようになっている。以下、この概略を説明する。

アプリケーション層は、プロトコル・スタックの最上位に位置し、メールやウェブ、ファイル転送などのネットを使った応用についての通信規則を定めている。

トランスポート層では、異なるコンピュータのアプリケーションプロセス間のデータ交換を行うための通信規則を定める。

インターネット層は、コンピュータ間でデータを交換するための通信規則を定める。

アプリケーション層
トランスポート層
インターネット層
リンク層

図 4.1 インターネットのプロトコル・スタック

リンク層では、物理的に直接接続されているコンピュータどうし、コンピュータとルーター、ルーターどうしの通信規則を定めている。

リンク層の下に、物理的な実体（電線、光ファイバー、無線など）がある。物理的な通信規約は物理層として定義されるが、インターネットのプロトコル・スタックはこれを含んでいない。[1]

インターネットは図4・2のような姿をしている。

末端のパソコンやスマートフォンは、ローカル・ネットワークにつ

1 リンク層に含まれている、という考え方もある。

ながっており、これがルーターを介してインターネットに接続される。また、ファイルサーバや計算サーバも同様に、ルーターを介してインターネットに接続されている。

次に、図4・3に、インターネットによる通信のモデルを示す。ホスト（コンピュータなど）AとホストBで稼働中のプロセスへの通信は、図4・1で見たプロトコル・スタックの各層ごとに確立される。Aで稼働中のプロセスとBで稼働中のプロセスは、アプリケーション層でデータを交換することで通信する。このデータを指定したプロセスどうしでや

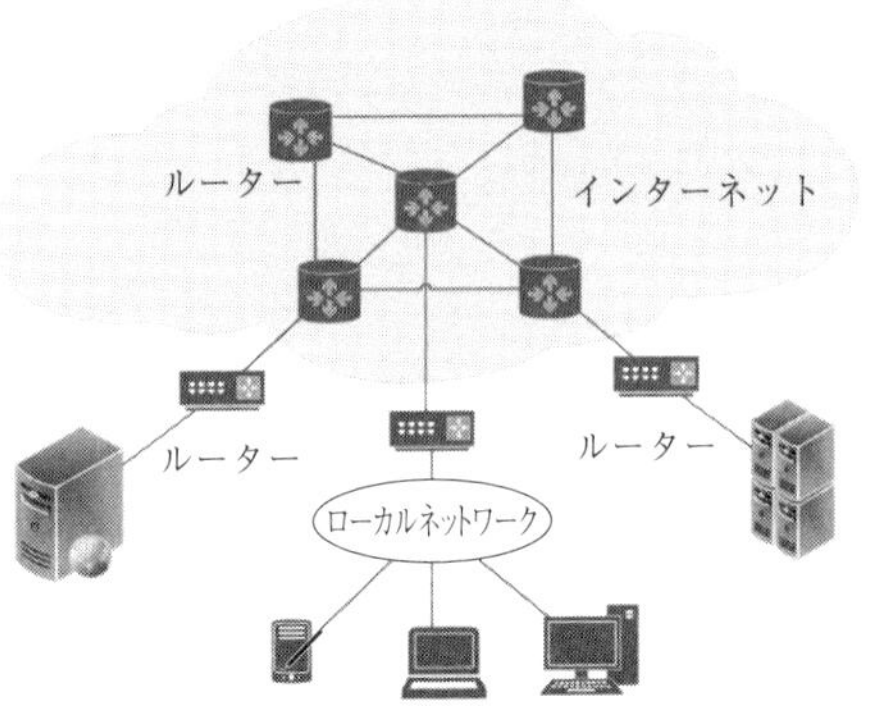

図 4.2　インターネットの概念図

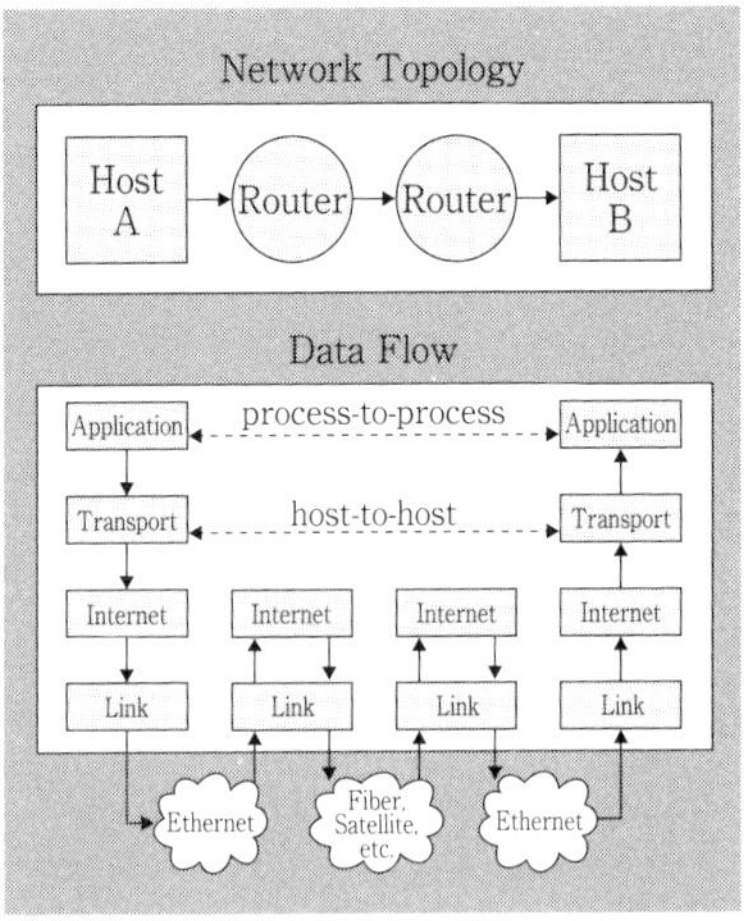

図 4.3　インターネットの通信モデル
（Wikipedia commons より）

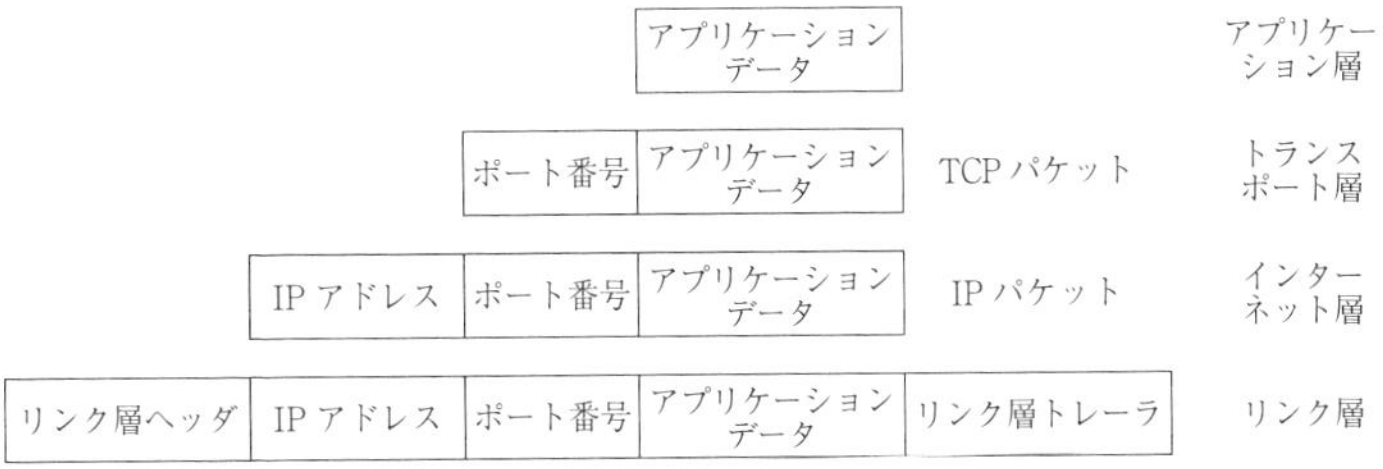

図 4.4 インターネットのパケット生成

りとりするのが、トランスポート層である。トランスポート層の通信を、指定したホストどうしで確立するのが、インターネット層の仕事である。インターネット層の通信のため、適切なホストやルーターを選んでデータを送受するのが、リンク層の作業となる。

インターネット層とリンク層は、ホストだけでなく、途中段階のルーターにも存在し、ホストどうしが正しく接続されるように動作している。

インターネット上の通信は、ホストAとホストBが固定した回線を確立した上で行うのではない。A（B）がパケットと呼ばれる有限長のビット列からなるデータを送信し、これをB（A）が受け取ることで行う。この方式は、パケット交換と呼ばれる。

インターネットでは、各層に応じてパケットが作られる。その仕組みを、図4・4に示した。

アプリケーションが送りたいデータは、トランスポート層で、ポート番号（プロセスを特定する番号）などが付加されてパケット化される（TCPパケット）。続いて、インターネット層で、IPアドレス（Internet Protocol address）などが付加される。

IPアドレスとは、インターネット上のノード（コンピュータなど）

につけられた番号（番地）であり、同じ番号のものは世界に一つしか存在しない。ルーターはこれを見て、次に送りつける相手（ルーターやコンピュータ）を決定する。

インターネット層で作られたパケットを、IPパケットと呼ぶ。インターネットとは、目的とする相手にIPパケットを送りつけるための装置と考えてよい。

最後にデータリンク層で、隣のノード（ホスト、ルーターなど）にIPパケットを送るためのヘッダとトレーラが付与されて、実際に隣のノードへの通信ハードウェアが起動される。

このように、インターネットのプロトコル・スタックでは、上位層から下位層に行くたびに、データがカプセル化されてそれぞれの階層のプロトコルに従ったパケットとなる。パケットは隣接するノードに送出され、バケツリレー式に行先のホストに到達し、通信したい相手のプロセスにこれが届けられる。

インターネット層では、IPパケットを行先ノードに届けるために適切な隣接ノードに送り続けるが、ネットワークの混み具合や故障などによって、到着に時間がかかりすぎる場合がある。その場合、IPパケットはタイムアウトしてネットから消去される。タイムアウトしたときにどうやってリカバリー（再送など）するかは、上位のトランスポート層のプロトコルによる。

インターネット層のプロトコルは、当初、三二ビットのアドレスを持つIPv4で運用されていたが、ノード数の増大により不足するようになってきたので、一二八ビットのアドレスに拡張したIPv6が導入されるようになった。

トランスポート層のプロトコルは、ＴＣＰ（Transmission Control Protocol）とＵＤＰ（User Datagram Protocol）の二つが代表的なものである。

ＴＣＰは、セッションという形で一対一の通信を実現する。ＩＰパケットがタイムアウトした場合に再送を行わせる機能があり、信頼性が要求される場合に使われる。

ＵＤＰは、再送やエラー訂正などはしないシンプルなプロトコルであり、信頼性よりも応答性やスループットが重視されるアプリケーションで使われる。音声や動画の配信などがこれにあたる。

アプリケーション層のプロトコルとして、ウェブ用のＨＴＴＰ、メール用のＰＯＰ３やＩＭＡＰやＳＭＴＰ、ファイル転送用のＦＴＰ、暗号化通信用のＳＳＨなどがよく使われている。

インターネットとネット産業の発展

表４・１に、黎明期のコンピュータネットワークから、インターネットの開始、数多くのウェブ・アプリケーションの立ち上げと隆盛を示した。

商用インターネットは、一九八八年にスタートした。ほどなく、ＷＷＷ（World Wide Web）が開発され、ブラウザが世界中に普及する。一方、一九九五年にはWindows95が搭載されたパソコンが発売され、世界中の人々がこれを使うようになる。このＯＳには、ウェブ・ブラウザであるInternet Explorer が標準装備され、翌年にはメーリングソフトであるOutlook Express が公開された。

表 4.1　インターネットの歴史

世紀	年	出来事
20	1969	ARPANET: UCLA，スタンフォード大学，UCSB，ユタ大学で接続実験
	1970	ALOHAnet（米），Mark I（英）
	1972	CYCLADES（仏） UNIX メール
	1977	UNIX BSD
	1982	TCP/IP IBM PC/AT, NEC PC9801
	1984	東大，東工大，慶応大の間を JUNET 開通
	1985	NSFNET コンピュータウイルス Gotcha
	1986	トロイの木馬 PC ライト
	1988	商用インターネット開始（米） WIDE プロジェクト開始（日）
	1990	世界初の WWW ページ（CERN） インターネットが最初の完成をみる ARPANET 解消 ネットワークニュース
	1991	JUNET 終了，JINIC 発足（日）
	1992	クリントン・ゴアによるネットワーク政策（米）
	1993	Web ブラウザ Mosaic
	1994	Web ブラウザ Netscape
	1995	Windows95 Internet Explorer NSFNET 商用化 Amazon，Yahoo!
	1996	Outlook Express（メーラ）
	1997	EC モール運営会社エム・ディー・エム発足（楽天の前身）
	1998	Google 社設立 Yahoo! オークション
	1999	ADSL によるインターネット接続サービス → ブロードバンド化
	2000	ASP（Application Service Provider） Napster によるファイル共有サービス IPv6
21	2001	FTTH，CATV，無線通信によるインターネットへの接続サービス
	2003	iTunes（日本では 2005 年から）
	2004	Facebook
	2005	Twitter，YouTube，Google マップ
	2007	iPhone, Android
	2010	Instagram
	2011	LINE
	2013	Zoom サービス開始 メルカリ
	2020	COVID-19 流行によってテレワーク盛んになる

当初、インターネットはメールやWWW検索など、テキストや静止画のやりとりが中心だったが、すぐに音楽（iTunesなど）や動画（YouTubeなど）の配信が行われるようになった。そのため、高いバンド幅が必要となり、ADSL（Asymmetric Digital Subscriber Line、一般の電話回線を利用した高速インターネット通信）、そして光通信（FTTH（Fiber To The Home）など）が短期間で整備され、普及する。

グーグル社は、精度の高いWWWページランキングを考案したラリー・ペイジとセルゲイ・ブリンによって創業され、これを組み込んだ検索エンジン上の広告によって、莫大な富を築いた。その後も、オンライン地図のGoogle Map、スマートフォン用OSであるAndroidなど、数々のヒット商品を生み出し続けている。アップル社は、パソコン・メーカとしてスタートしたが、一九九〇年代からは、iTunesによる音楽配信、スマートフォンiPhoneなど、ネット接続できる携帯機器やソフトウェアによって大きな事業展開を続けている。

インターネット上では、二〇世紀末にドットコム企業と呼ばれるベンチャー企業が多数できてネットバブルを演出したが、これが崩壊して多数の失業者を出した。現在、ネット通販などの事業は、アマゾン（Amazon）社、楽天など少数の大企業の寡占状態となっている。また、ヤフオク！などのオークションサイト、メルカリなどのフリマサイトでも盛んに取引が行われている。

SNS（Social Network Service）は、ウェブ上で社会的ネットワークを構築するサービスである。特定のコミュニティ（いわゆる「友達」）内の交流を目的としており、ブログ、メッセージ交換、ユーザ検索などの機能をもつ。グーグルの検索エンジンが広大なＷＷＷの空間を対象とするのに対して、ＳＮＳはある特徴をもったグループを対象とすることから、絞り込みができるメリットがあり、広告収入を得ることで運営会社が利潤を得る仕組みになっている。Facebook（フェイスブック）、LinkedIn（リンクトイン）、mixi（ミクシィ）などがこれであり、公開つぶやきサイトであるTwitter（ツイッター）もここに分類されることがある。

クラウド化

インターネットの発展によって、ネットワークの向こうのコンピュータ資源は、「サーバの群れ」ではなく、より仮想的・抽象的な「サービスの提供者」とみなせるようになった。このような情報処理のありかたを「クラウドコンピューティング」、あるいは短く「クラウド」と呼ぶ。

クラウド化されたサービスは、多くがＷＷＷブラウザ上で提供される。提供サービスによって、以下のように分類されている。

① ＳａａＳ（Software as a Service）
電子メール、ワードプロセッサや表計算などのソフトウェアを提供する

② ＰａａＳ（Platform as a Service）
アプリケーションサーバやデータベースなどのプラットフォームを提供する

③ ＩａａＳ（Infrastructure as a Service）

仮想サーバなどのインフラを提供する

クラウドの考え方も技術内容も、情報システムの世界では特に新しいものではないが、コンピュータとインターネットの高速大容量化によって、計算資源・通信資源の実体を意識させることなく、高い抽象度でサービスが提供できるようになったことで、以上のようなサービスが普通に提供できるようになり、ユーザの利便性が高まったのである。

一方で、社外秘のデータやプライバシーに関わる情報、履歴や行動歴などをクラウドの中に置くのが普通になり、セキュリティの問題が深刻化した。会社や個人の「クラウド歴」が、意識されないままにそのまま会社や個人の履歴と中身を詳細に表すようになってきており、クラウド提供者のセキュリティが甘い場合、これが流出する恐れがある。実際、この種の事件が後を絶たないし、後に述べるＮＳＡの例（スノーデン事件、四・五節）のように、意図的にこうした情報を収集する動きすら見られるのである。

巨大プラットフォーマーの出現

インターネットの普及とアプリケーション分野の拡大、そしてクラウド化の進展によって、サービスを総合的に提供する産業分野が立ちあがり、急速に成長した。いわゆるＧＡＦＡ（Google、

Apple、Facebook、Amazon）と呼ばれるプラットフォーマーがこれである。

プラットフォーマーとは、インターネット上で多様かつ大規模なサービスを提供しているIT企業を言う。あらゆるクラウドサービスの担当者と言ってもよい。

GAFAに中国企業であるバイドゥ（Baidu）社、アリババ（Alibaba）社、テンセント（Tencent）社を加えて、GAFA-BATと呼ばれることもある。

IoTとエッジコンピューティング

従来、インターネットの末端にあるのは、サーバコンピュータであったが、これがパソコンになり、携帯電話となり、と小型化していった。同時に、従来ネット接続が考えられていなかった監視カメラ・コピー機・テレビ・種々のセンサ類（温度計など）、情報機器とみなされていなかった自動車や冷蔵庫やユニットバス、さらには田畑や老人ホームのドアまでがインターネットに接続され、遠隔操作や状態チェックがなされるようになった。

このような末端デバイス（エッジデバイス）のインターネット化を指して、IoT（Internet of Things：モノのインターネット）と呼んでいる（図4・5）。クラウド化がサーバ群の高度化・仮想化を意味しているのに対して、IoTは、末端の「物」が何でもインターネットにつながる状況を示している。

インターネットのもたらしたもの

インターネットは、人類に多大な恩恵をもたらした。私たちは今、居ながらにして世界中の新聞、雑誌、学術誌、さまざまな種類の本を読むことができる。ブログやツイッターによって、自分の言いたいことを世界中に向けて発信することもできる。音楽、映画、見逃したテレビ番組などを視聴することができ、音楽や動画を放送することができる。

電子メールやＳＮＳによって、仕事やプライベートの交流を手早く進めることができるようになったし、災害や遭難のときの安否確認・位置情報の提供なども即時的にできるようになった。

ネットショップを使えば、百貨店やスーパー、小売店に出向かなくても、何でも入手できるようにもなった。

多くの行政サービスもネットで提供されるようになった。税の確定申告、戸籍謄本や住民票の取得なども遠隔操作で可能となっている。

図 4.5　IoT（長岡 IoT 推進協議会ホームページより，https://nagaoka-iot.org/）

クラウド化とＩｏＴ化によって、さまざまなサービスが高度化・普遍化された。農地の土壌管理、自動車事故の通報と記録、繁華街の監視と犯罪防止、遠隔地にいる高齢者の見守りなど、経済・社会・文化のあらゆる面で、インターネットの活用範囲が広がり続けている。

四・二　多様な「悪」の道具

インターネットは人類全体の宝物でもあるが、悪の温床でもある。これは、ネットそのものの問題もあるが、人間（社会）の本性にも関わる問題だ。

第三章で、コンピュータが戦争に深く関与してきたことと、マルウェアがコンピュータを攻撃することについて述べた。さらに、インターネットの発達によって、ネットを介した「悪」がはびこるようになっている。

ここでは、インターネットの「悪」に用いられる「道具」について概説する。

マルウェア

コンピュータを攻撃対象とするマルウェアについては、すでに第三章で説明した。インターネットの発展とともに、すべてのマルウェアは、インターネットを介して侵入したり伝染したりするようになった。

これは、ウイルスやワームの伝染速度が以前とは桁違いに大きくなり、トロイの木馬やスパイウェアやランサムウェアの仕掛け人が見えにくく捉えにくくなっていることを意味する。マルウェ

表 4.2　インターネットの悪の道具

マルウェア	第三章と同じだが，伝染力・伝染スピードが増す
機密情報詐取	フィッシング ウェブサイト改竄
迷惑メール	スパムなど
システム侵入	ポートスキャンを用いたものなど
DoS 攻撃	フラッド攻撃など
DDoS 攻撃	協調分散型 分散反射型
ソーシャル・エンジニアリング	のぞき見など
標的型攻撃	APT 攻撃など
ダークウェブ	マルウェア売買，裏サイトなど

アの仕掛け人は、外国のサーバなどを発信元としたり、経由したりして、どこからともなく攻撃を仕掛けてくる。

第一章で、スタックスネットには、四種類のゼロデーウイルス（未発見であるか対策が取られていないウイルス）が含まれていることを述べた。ゼロデー攻撃は、防御がきわめて困難であり、大きな被害をもたらすことが多い。

フィッシング

フィッシング（phishing）とは、ネットの偽サイトを使って、金銭や機密情報を奪う詐欺である。

ネット銀行、ショッピングサイト、寄付サイト、オークションサイトなどを偽造し、ネットユーザをこれらのサイトに誘導して、お金を振り込ませたり、種々のパスワードやクレジットカードの情報を盗んだりする。

ウェブサイト改竄による情報窃取

正規のウェブサイトを改竄して、閲覧しているユーザから情報を盗み取る攻撃もしばしば行われている。ウェブサーバに脆弱性が残っている場合にこれが可能となる。ネット銀行や大規模ショッピングサイト、クラウド・ストレージ（ネット内の遠隔サーバに法人・個人のデータを蓄えておくもの）などが改竄されると、正しい操作を行っている多数のユーザの機密情報が盗まれることになり、莫大な損害が出てしまう。

迷惑メール（スパム）

広告やいやがらせを目的として、大量のメールを送りつけることで、受信者の活動を妨害したり、ネットワークを麻痺させたりする。これが迷惑メール（スパム）である。迷惑メールは「量」によるいやがらせの場合もあるが、マルウェアが添付されている、フィッシングサイトへのリンクを含むなど、複合的な攻撃に用いられることも多い。

システム侵入

対象とするサーバ（コンピュータ）に直接侵入する方式。対象とするサーバのＩＰアドレスを調べ、次にここでのアプリケーションのポート番号（図４・４参照）を調べ、侵入口となるポートを見つける。発見したら、ここから侵入用のプログラムを使って、不正侵入して、データの窃盗やファイル消去を行う。

ＤｏＳ攻撃

ＤｏＳ（Denial of Service）攻撃とは、標的とするサーバに対して、多量のＩＰパケットを送りつけるなどしてその処理で過負荷の状態にし、機能停止に陥らせる攻撃である。

ＩＰパケットなどデータを送りつけるものを、フラッド（Flood＝洪水）攻撃という。これとは別に、不正侵入して大量のプロセスを発生させるなどの方法もある。

ＤＤｏＳ攻撃

ＤＤｏＳは、分散型ＤｏＳ（Distributed Denial of Service）の略。多数の計算資源から標的となるサーバを攻撃させる。これは、二つの種類があるが、ともにいくつかの段階から成る高度な攻撃である。

① 協調分散型ＤｏＳ攻撃

攻撃者は、脆弱性をもつコンピュータを多数乗っ取り、マルウェアを仕掛ける。これらは、攻撃者の合図（ＩＰパケットの到着など）とともに一斉に標的のサーバにＩＰパケットを大量に送りつける。

乗っ取られたコンピュータ群を総称して、ボットネット（Botnet）と呼ぶ。ボットとは、インターネットの上で、自動（に見えるよう）に動くプログラムのことで、これが攻撃者によって多数のコンピュータに仕掛けられている状態がボットネット、というわけである。

②　分散反射型ＤｏＳ攻撃

攻撃者は攻撃対象のサーバになりすまし、多数のコンピュータに何らかのリクエストを一斉に送信する。受け取ったコンピュータは応答を返すが、送り先が攻撃対象のサーバとなるため、こちらが過負荷となる。

協調分散型ＤｏＳ攻撃は、サイバー戦争の道具としても使われる。また、ボットネットの有料の貸し出しなども、裏社会で行われていると言われている。

ソーシャル・エンジニアリング

ネット社会における攻撃は、情報処理技術を使ったものだけではない。人間心理の盲点や行動のミスをたくみについた攻撃も行われている。これを、ソーシャル・エンジニアリングと呼ぶ。

ソーシャル・エンジニアリングの代表的なものは、身内や上司・同僚を装って、パスワードや暗証番号を聞き出すものである。振り込め詐欺なども、これに含まれるものが多い。パソコンやスマホでネット銀行やネットショップの取引をしているところを見て、情報を盗み取るなどもこの類である。

銀行のＡＴＭや個人のパソコンの周囲に鏡を置いて、入力動作を盗み見る、隠しカメラを置いてパスワードや暗証番号を入力するところをビデオに録画しておくなど、手の込んだ手法が使われることもある。

標的型攻撃

標的型攻撃とは、対象を絞った攻撃である。特定の組織や個人を狙って攻撃をしかけ、情報の窃盗・改竄・削除を行うものだ。

標的型攻撃の手法は、すでに述べたものの組み合わせである。典型的な手順を以下に記す。

① 攻撃相手の情報をマスコミ、ウェブサイト、ＳＮＳ（Twitter など）から収集する。場合によっては、ソーシャル・エンジニアリングを用いて、情報を窃取する。

② ①で得た情報をもとに、対象にメールを送りつける。そのさい、組織内で使われるメールの様式をコピーし、発信元を上司や同僚に偽装するなどして、相手を油断させる。メールには、偽サイトへのリンクやウイルスの入った添付ファイルが仕込まれており、これらをクリックすることで、フィッシングや感染が起こる。

③ ②によって、機密情報を盗んだり、ファイルを消去したり、改竄したりする。組織の他のパソコンやサーバにウイルスを伝染させれば、さらに多くの情報を窃取したり消去したり、遠隔操作することができるようになる。

時間をかけて持続的・潜伏的に行う標的型攻撃をAPT（Advanced Persistent Threat）攻撃と呼ぶ。APT攻撃は、組織の中の多くの情報機器を感染させ、特に機密性の高い重要な情報や、重要人物の個人情報を盗むことが目的である。第一章で述べたスタックスネットはその一例であった。

ダークウェブ

ダークウェブは、ウェブの部分集合であるが、ここに入るには、特殊な設定・認証を経なければならない。検索エンジンにかからないために、高度な匿名性やプライバシーが担保される。

ダークウェブは、個人情報保護や不正の内部告発など正当な目的で使われることもあるが、サイバー攻撃のためのツール提供、麻薬や猥褻画像の売買に使われることも多い。サイバー攻撃自体をお金で請け負うグループなども利用する。

コンピュータやインターネットについて詳しい知識や経験がなくても、ダークウェブを利用すれば、こうした闇のサービス業を介して悪事を働くことができる。ネット社会の「悪」は、産業として成立するようになったのである。

四・三　事例：パソコン遠隔操作事件

事件の概要

二〇一二年に起こった「パソコン遠隔操作事件」は、誰もがサイバー犯罪の加害者に仕立てられる、という不気味で後味の悪い事件であった。もちろん、実害も大きなものがあった。情報セキュリティの世界ではすでに歴史となった、いわば〝古典的〟な事件だが、多くの教訓を含んでいるので、ここであげておこう。

犯人は、出所を隠蔽するために海外のサーバを経由して、マルウェア（悪事をするソフトウェア）を他人のパソコンに仕込んだ。このマルウェアは、そうして乗っ取ったパソコンを犯人の指示通りに動かすものである。

この事件の概要を図4・6に示す。犯人が実際に行ったことを詳細に記すと、以下のようになる。

① 二〇一二年六月二九日、東京の大学生のパソコンから、横浜市の公式サイトの掲示板に殺害予告文を書き込んだ（これだけが前記マルウェアではなく、犯人の用意した偽サイトから攻撃させる方式であった）。

② 大阪府の男性のパソコンに前記マルウェアを仕込んだ。ここから七月二九日、大阪市公式サ

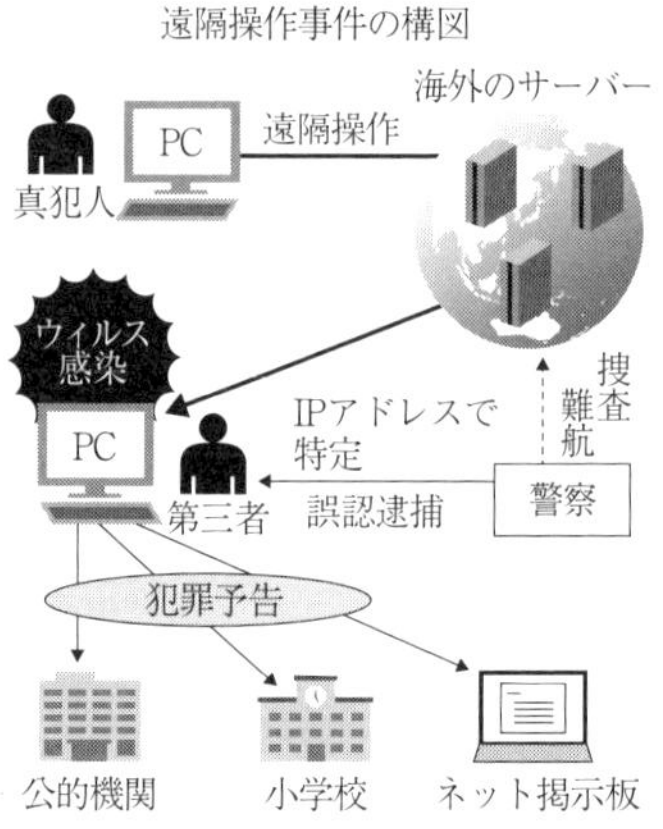

図 4.6　遠隔操作ウイルス事件
（日本経済新聞 2012 年 10 月 20 日「サイバー犯罪，捜査後手　パソコン遠隔操作で誤認逮捕」より）

イトの相談窓口ページに、無差別殺人の予告を投稿した。同日、首相官邸の公式サイトへ皇居ランナーの無差別殺人を予告する書き込みを行った。さらに、八月一日、日本航空公式サイトの顧客対応窓口に、日航〇〇六便（成田発ニューヨーク行き）に爆弾を仕掛けたと書き込んだ。

③ 愛知県の男性の社用パソコンにマルウェアを仕込んだ。八月九日、ここからコミックマーケットで殺害を行う予告を五回行った。さらに、同じ八月九日に、巨大掲示板「2ちゃんねる」に天皇殺害予告を行った。

④ 福岡県の男性のパソコンにマルウェアを仕込んだ。八月二七日、ここから⑴お茶の水女子大学附属幼稚園の公式サイトに悠仁親王および園児らの殺害を予告するメールを、⑵学習院初等科の公式サイトに愛子内親王および児童らの殺害を予告するメールを、⑶芸能事務所に有名子役の殺害を予告するメールを、⑷部落解放同盟中央本部の公式サイトへ部落民殺害と本部襲撃予告のメールを、それぞれ送りつけた。

⑤ 神奈川県の男性のパソコンにマルウェアを仕込み、八月二日、ここから、「2ちゃんねる」に

ＡＫＢ48のメンバーの殺害予告を書き込んだ（本件は、感染させたパソコンに関して、犯人の自白と事実関係の間に齟齬が残っている）。

⑥三重県の男性のパソコンにマルウェアを仕込んだ。九月一〇日、ここから「2ちゃんねる」に、⑴伊勢神宮の爆破予告、⑵ドコモショップ秋葉原店への襲撃予告、⑶任天堂本社爆破予告、を行った。

被疑者の逮捕から釈放まで

これら六件のうち、①②④⑥では四人の男性が、それぞれ別の都道府県警によって逮捕された。いわゆる誤認逮捕といってよい。

彼らが被疑者になったのは、殺害予告や爆破予告をした掲示板などに、書き込んだパソコンのＩＰアドレス（インターネット上のアドレス）が残っていたからである。犯人は遠隔操作によってパソコンを乗っ取り、操作しているから、痕跡を残したのは、犯人のパソコンではなく、乗っ取られたほうのパソコンになってしまう。ＩＰによって特定されたパソコンが被疑者のものであった。

⑥の被疑者は、九月一四日に逮捕されたが、取り調べの中でこうした遠隔操作の可能性を主張した。それに基づき、県警がパソコンを調べた結果、遠隔操作マルウェアが発見されたため釈放された。しかし、①②④の事件では、パソコンを乗っ取られた被疑者たちが自白や起訴に追い込まれた。

①の被疑者は、七月二日に逮捕され、自白によって（未成年であったため）八月一五日に保護観

察処分となる。これは、一〇月に真犯人が犯行声明を出したことで、一〇月三〇日に取り消された。
②では、被疑者は八月二六日に逮捕され、九月一四日に起訴された。その後、⑥の事件で遠隔操作マルウェアが発見され、被疑者のパソコンが同種のマルウェアに感染していた痕跡が見つかったため、九月二一日に釈放、一〇月一九日に起訴取り消し処分となった。
④の被疑者は、九月一日に逮捕され、否認―自白―否認と供述が揺れたあげく、②と同様、マルウェア感染が確認されたために、九月二七日に釈放され、一〇月二三日に嫌疑なしの不起訴処分となった。
このように、最終的には、全員が釈放されたわけだが、被疑者らの受けたダメージは並々ならぬものがあったと言わなければならない。

真犯人の逮捕

一〇月九日、真犯人から犯行を告白するメールがネット上のトラブルに詳しい弁護士に届く。翌一〇日には、TBSラジオの生放送番組にも届いた。ここには、真犯人しか知らないはずの情報が含まれていた。

一一月一三日、自殺をほのめかす真犯人のメールが右の弁護士と報道機関宛に届いた。

二〇一三年一月一日、報道機関にメールで五問のクイズが出題された。これらのクイズに順次正答していくと、この事件に関する資料が得られる仕組みになっていた（実際には資料を入れたUS

Bメモリは埋めた地点が凍結していたために得られなかった）。

一月五日、再びメールで四問のクイズが出された。これを解くと、江の島の猫にはめられたピンク色の首輪にSDメモリがついているので探せ、という指示が記されていた。猫と首輪は発見され、SDメモリは回収された。メモリの中には、マルウェア本体や、犯人からのメッセージの入った文書ファイルなどが書き込まれていた。

江の島に仕掛けられた防犯カメラなどの情報から、猫にこの首輪をつけることのできた人物が特定された。警察はこの人物を、二月一〇日付で逮捕した。容疑は威力業務妨害。この後、容疑者は一貫して罪状を否認している。

三月三日に同容疑者は処分保留とされ釈放されたが、ただちに偽計業務妨害（②の無差別殺人予告）とハイジャック防止法違反（②の日航機爆破予告）で再逮捕された。

三月二二日より六月二八日にかけて、容疑者は、一〇件の罪状をもって起訴される。

二〇一四年三月五日、容疑者保釈。

五月一六日、報道関係者などに、真犯人を名乗る「小保方銃造」から電子メールが届いた。そこには、容疑者がかわいそうになったとして、容疑者を犯人に仕立てた理由ややりかたが書かれていた。

しかし、「小保方銃造」名でメールを出したスマートフォンは、容疑者が秘密裏に入手したものであり、これを五月一五日に容疑者が荒川河川敷に埋めているのを警視庁の捜査員が目撃していた。

このスマートフォンは警察によって回収・調査され、容疑者と同じDNAが検出されたことなどから、五月一九日に検察は保釈取り消しを行い、容疑者は再び収監されることとなる。

「小保方銃造」は、容疑者自作自演の狂言だったのである。

以上の経緯によって、この事件の真犯人は特定された。彼は、脅迫・威力業務妨害・偽計業務妨害・ハイジャック防止法違反・不正指令電磁的記録供用の罪に問われ、二〇一五年二月四日に東京地裁によって懲役八年の実刑判決を受け、服役することとなった。

マルウェア

この事件で使われたマルウェアはどのようなものであったか。

①の横浜市の事件は、CSRF（Cross Site Request Forgeries）と呼ばれる方法で、遠隔操作が行われた。

CSRFは、一人のネットユーザが、二つのサイトA、Bに入っていることを想定して仕掛けられる。サイトAに記されたURL（Uniform Resource Locator）をクリックすると、悪意のある第三者（パソコン遠隔操作事件の犯人など）の作った罠サイトに飛び、ここからネットユーザを騙ってサイトBへの攻撃が行われる。

①の事件では、サイトAは真犯人が用意したものであり、サイトBは横浜市の公式サイト、攻撃は殺害予告をサイトBに投稿することであった。

横浜市のサイトは、投稿に対して確認画面を用意していなかったため、CSRFに対して無防備にこれを受け入れてしまった。これも本事件の一つの要因となっている。

②〜⑥では、IESYS.EXEというトロイプログラム（第三章参照）が使われていた。攻撃者は、IESYS.EXEを仕込んだパソコンにファイルのダウンロードをしたり、パソコンからファイルをアップロードしたり、指定ウェブページへの自動投稿をしたりすることが、パソコンユーザを騙って、できるようになる。攻撃者はこのトロイプログラムを仕掛けた痕跡を追いにくくするため、外国のサーバなどを経由するのが一般的だ。

実際、真犯人はこれを使って、②〜⑥の事件を起こしたのである。

ユーザは、「2ちゃんねる」でマルウェアに感染した。「2ちゃんねる」では、大半の掲示板が海外サーバからの書き込みを制限していたが、代行スレッドでは可能であった。犯人は、接続経路の匿名化を行うソフトを使って身元をわからなくした上で、代行スレッドの掲示板において、「ユーザを特定サイトに移動させる書き込み」を依頼し、他人の手を介在させてこれを行った。そして、四人のユーザをマルウェアのサイトに誘導することで、これを彼らのパソコンに仕掛けたのだった。

二つの手法は、罠を仕掛けるやりかたとしては普通のものかもしれないが、ユーザにとってはただ一度の〝クリック〟によって起こるものであり、わずかな不注意が大きな事件を引き起こす。捜査する側でも、真犯人の痕跡が見えにくく、目星をつけても証拠を見つけるのがとてもむずかしい。

今回の事件では、猫に首輪をつけるなど、真犯人が余計な行動をとったために足がついた。しかし、彼が余計なことを何もせずに沈黙を守っていたら、真犯人の特定はきわめてむずかしかっただろう。

犯人は、マルウェアを勤務先の会社から米国のサーバを経由して送り込んでいた。米国ＦＢＩの捜査によって、サーバに残されていた痕跡が発見されたと言われている。関係者の誰も海外渡航などしていない、国内の事件であるにもかかわらず、犯罪の立件には、国際協力が必要になる場面も出てきたのである。

真犯人の性格

ネットを使ってこうした悪事を働くのはどういう人間だろうか——事件発生当時（正確には誤認逮捕が明らかになって）から、しばしばマスコミの話題にのぼった。

この人物は、IESYS.EXEを製作したことでもわかる通り、ＩＴのスキルが高い。マルウェア作成についての知識があり、また自分を特定されない工夫をするだけのネット・リテラシーがある。そうした能力のある人間は、今の日本には多数いると思われる反面、こうした行為に及ぶ人物はめったにいない。

パソコン遠隔操作事件は、結果から見れば、機密漏洩や個人情報の不法取得、サービス停止やデータ暗号化による脅迫などとは違って、お金が儲かるわけでもなく、決まった相手に社会的ダメージを与えて自分が得をするわけでもない（そういう目的にも使えたはずだが）。社会に対して恐怖感を与え、警察や司法をあざ笑う。そんな楽しみのために行動に出たのだ。サイバー空間を使った愉快犯である。

そうしたなか、二〇一三年元旦以後の行動は、愉快犯としても慎重さを欠いたものとなっている。情報の入った媒体を発見させるためのやりかたは、正解するたびに次のステージに行けるテレビのクイズ番組と同じスタイルだった。しかし、観光地として人の往来が激しく、監視カメラの多い江の島で「猫の首輪」を仕掛けたのは、舞台効果としては成功だったろうが、犯罪ゲームとしては失敗だっただろう。さらに、保釈中の真犯人偽装は、もっと初歩的なミスと言える。こうした行動パターンは、愉快犯の「愉快」が「犯行」の緻密さを上回ったと言われてもしかたないだろう。

逆に言えば、真犯人が猫に首輪をつける、別に犯人がいるかのように偽装するなど余計なことをしなければ、この事件は迷宮入りしていた可能性が高い。たとえ愉快犯であっても、もっと上手に証拠を隠しながら世間が騒ぐのを楽しむ方法はあるだろう。そんな巧緻を極めた悪人が現れたとき、警察や一般市民は、どのように対処すればよいだろうか。

警察の問題点

この事件で一番咎められるべきは真犯人だが、捜査にあたった警察にも三つの重大な問題点が指摘されるだろう。一つは、証拠を確認するさいのＩＴリテラシーの低さである。県警などは、ＩＰアドレスだけで逮捕に踏み切ったのではないと主張しているが、被疑者の特定に十分な証拠を確保していたとは言いがたいのではないか。特に、遠隔操作マルウェアの疑いをしっかりもって、押収したパソコンにその痕跡が残されていないかを緻密に調べる姿勢が欠落していた。今は改善されていると思われるが、サイバー犯罪は年を追って巧緻を極めたものとなっている。常に未知なる手法の可能性を意識しつつ、専門家の意見を聞くなどして捜査にあたってもらいたい。

第二に、実行可能性についての検討が不十分だったことがあげられる。①の横浜市の事件では、自白の供述通りであれば、約二秒で二五〇文字の犯行予告を書き込んだこととなる。ＩＴ以前の人間の基本能力を見誤ったこうした判断を見るに、警察は予断をもって犯人を特定したと言われてもしかたないだろう。

第三に、（これが一番大きな問題だが）自白の強要がなかったかという問題。①②④の被疑者は皆、当初は犯行を否定しつつ、気持ちの上で追い詰められて自白したということである。他の捜査でも脅迫まがいの誘導尋問などがしばしば報告されており、取り調べのビデオ録画などによって、防止することが必須である。

日本においては、二〇一六年、刑事訴訟法等の一部改正により、裁判員裁判対象事件・検察官独自捜査事件について、身体拘束下の被疑者取り調べの全過程の録画が義務づけられることとなった。これは、二〇一九年六月に施行されている。

パソコン遠隔操作事件のさいには、この法律はまだできていなかった。さらに、仮にこれが今起こって、新しい条文が適用されたとしても、本事件は裁判員裁判対象事件ではなく、検察官独自捜査事件でもないため、録画義務はないと考えられる。私たちは、未だに同じことがくり返される可能性があることを認識しておかなければならない。

日本弁護士連合会は、取り調べの可視化のため、全事件における取り調べの全過程の録音・録画の実施が必須であるとし、活動している。

四・四　インターネットを使った「悪」

インターネットは「悪」か

インターネットは、第一義的には、ＩＰパケットを行先情報に従って送りつけるだけのものである。コンピュータと同様、機構自体に悪は存在しない。「悪」があるとしたら、それはユーザ、すなわち人間の側である。

インターネットは、オープンで参加自由なものだ。誰でも参加でき、メールの交信やＳＮＳの発信を行い、クラウドからサービスを受けることができる。この性質は、インターネットの爆発的な普及・発展をもたらした。

一方で、インターネットは入口制御をしない。送出されたＩＰパケットは、行先のコンピュータ（など情報機器）に届けるのが原則である。悪意あるユーザは、この時点で迷惑メールの発信やＤｏＳ攻撃の可能性に思い至るだろう。

このように、インターネットは「隙の多い」システムである。インターネットを使うときの基本として、「自由度は高いが、隙が多く危険なシステムを使っている」という認識は必要なものである。

ベストエフォートは「悪」か

第三章で述べたコンピュータのソフトウェアと同様、インターネットもベストエフォートの考え方が随所で採用されている。IPパケットの到着、通信速度や遅延、ルーターやプロトコル制御のソフトウェアなど、完全なものとして配布されているわけではなく、「最大限の努力はするが補償はしない」という姿勢で作られている。そこに攻撃に対する脆弱性が存在するという前提で、システム管理者もユーザも振る舞わなくてはならない。

二〇世紀の終わり頃から、情報社会は、このベストエフォートを受け入れて発展してきた。情報機器や情報システムはとても複雑なものである。スマートフォンのOSなどでも一〇〇〇万行を超えるプログラムとなるのが普通だ。完璧なものを出荷するとしたら、開発コストが高騰し、開発時間がかかって、今のようなネット社会の到来はずっと先になっていただろう。そうではなく、広く使ってもらいながら修正していくほうが、ベンダ（製造元）にとっても、ユーザにとっても利益を最大化することにつながる。そういう考え方である。

ベストエフォートといっても、通常の用途でバグや脆弱性が残っている機器やソフトウェアをそのまま販売しているわけではない。市場に出す前に、アルファ版と呼ばれる製品を、テスターやアプリケーション開発者に向けて提供し、ここでチェックしてもらって、バグや脆弱な箇所を修正する。修正されたものを、さらにベータ版という形で、限られたユーザに提供してチェックしてもらう。生産者に近いユーザに何度か試験をしてもらった後で、一般向けの商品として売り出していくのである。

市場原理からいっても、バグや脆弱性は競争力を極端に落とし、競合他社の商品に敗れ去る原因となる。歴史的にみても、いくつかの重大な事例を拾うことができる。たとえば、インテル社のCPUであるPentiumに除算回路のバグが発見されたとき（一九九四年一〇月）には、互換性のあるAMD社のプロセッサのシェアが伸びたと言われている。同様のことは、OSやアプリケーションなど、ソフトウェアでも起こる可能性がある。さらに、ショッピングサイトや銀行選びなどでも、システムダウンをしばしば起こすところは敬遠されるだろう。

ベストエフォートの製品には、影の部分が残ることは否めない。ゼロデー攻撃などは、脆弱性が完全に除去されていれば起こしようもないものであり、ベストエフォートの副産物と言えなくもないのである。

このように、ベストエフォートは、「両刃の剣」ではあるが、だからといって、ベストエフォートの考え方そのものを「悪」と決めつけるべきではないだろう。特に、人間社会が広くこれを受け入れた現在では、「バグや脆弱性が残っているのを前提として安全・安心な情報システムを作り、利用する」という態度を自覚的にとり続けることが肝要と言える。

インターネットが絡む犯罪あれこれ

インターネットの世界では、マルウェアを使った攻撃や、ＤｏＳ攻撃などは、悪の定番である。第一章では、本書の導入として、スタックスネットを扱った。四・三節では、例として遠隔操作ウイルス事件について観察した。

マルウェアが関係しなくても、インターネットを利用した犯罪は数限りなく存在する。自殺系サイトは、自殺願望のある人々が集うウェブサイトである。ここを利用した人々は、最初は興味本位であっても、次第にエスカレートして集団自殺を起こす事件が何件も起こった。いっしょに自殺してくれる人をTwitterで募集するなども報じられている。

さらに、自殺系サイトを装った殺人事件も起こった。二〇〇五年二月から六月にかけて、大阪府堺市のＭは、大阪や兵庫に住む一四歳から二五歳の自殺志願者三人を自殺系サイトで誘い出し、手足をしばった上に窒息死させるなどなぶり殺しにした。Ｍは裁判で死刑が確定（二〇〇七年七月）し、二〇〇九年七月に死刑が執行された。

「Twitterを使った殺人として、二〇一七年の座間事件がある。この事件で加害者Sは、「Twitterで自殺願望をもつ女性らを募って自宅に招き入れ、暴行を加えた上で、ロープで首を絞めて殺害した。殺害したのは女性八人と女性を探しにきた男性一名であり、死体はノコギリなどを使って切断・解体した（二〇一七年八月から一〇月）。Ｓについての死刑も二〇二一年一月に確定している。

こうした事件は、いずれも変質者の犯行と考えられるが、インターネットのウェブサイトやＳＮＳがなければ、不特定多数の集団の中から自殺願望を持つ人を引き寄せる手段はなかったと考えられる。

犯罪行為の請負や違法行為の仲間を募るなどを行うサイトを闇サイトと呼ぶ。自殺系サイトは、闇サイトの一種であった。他に、売買春の斡旋、わいせつ画像の公開、個人情報の売買、殺人依頼、個人や会社に対する誹謗中傷、拳銃や刀剣の販売、麻薬の販売など、さまざまなものがある。

闇サイトで強盗グループが作られるなど、深刻な事件もあった。二〇〇七年八月には、「闇の職業安定所」というサイト（事件後閉鎖）で知り合った三人組が名古屋で当時三一歳の女性を拉致し、金品を奪った上で殺害、死体を山中に遺棄するという事件を起こしている。

闇サイトは反社会的なものではあるが、すべてがそのまま法律違反というわけではない。たとえば、自殺サイトは、自殺願望や自殺手段を掲示するだけでは罪には問えないのである。

先に「ダークウェブ」について述べた（90ページ）。ダークウェブは検索エンジンにかからないサイトの集まりであった。ダークウェブという言葉が形態上の定義であったのに対して、闇サイトは内容に関わる定義である。闇サイトはダークウェブの中に潜んでいることもあるし、もっとオープンな場に置かれていることもある。

現在、警視庁には、「ネットハンター」と呼ばれる闇サイトの捜査組織が置かれている。ネットハンターは、闇サイトなどを定期的に巡回して閲覧し、おとり捜査の手法で犯罪勧誘を行った者を逮捕する。悪質な書き込みに対しては警告するなど、闇サイトによる犯罪防止に努めている。

学校裏サイトは、特定の学校や学級に関する非公式なウェブサイトのことで、在校生・卒業生により運営されている。匿名投稿を許す場合も多い。学校裏サイトは、そのまま闇サイトというわけではないが、誹謗中傷などいじめの舞台として使われる場合がある。個人情報を暴露するなどのケースもあり、これが原因で自殺する事件なども起こっている。また、ＳＮＳを裏サイトのように利用している場合もある。

男女や同性愛者を結びつける「出会い系サイト」は、婚活などを目的に健全に運営されているものは問題ないが、素性の怪しいものは闇サイトであり、売春斡旋業になっている場合がほとんどだ。麻薬密売サイトなどと並んで、反社会的勢力の資金源であることも多い。

出会い系サイトについては、「インターネット異性紹介事業を利用して児童を誘引する行為の規制等に関する法律」（出会い系サイト規制法）が制定されている。この法律は、個々の出会い系サイトについて、都道府県公安委員会への登録義務を課し、児童（一八歳未満）による利用の禁止、児童を異性交際の相手方とするような書き込みなど（禁止誘因行為）の閲覧防止の義務化、サイト運営者の名義貸しの禁止、公安委員会の指示や命令の遵守、保護者や国・地方公共団体の責務（教育・啓発・フィルタリングサービスの利用）などを定めている。この法律（二〇〇三年制定、二〇

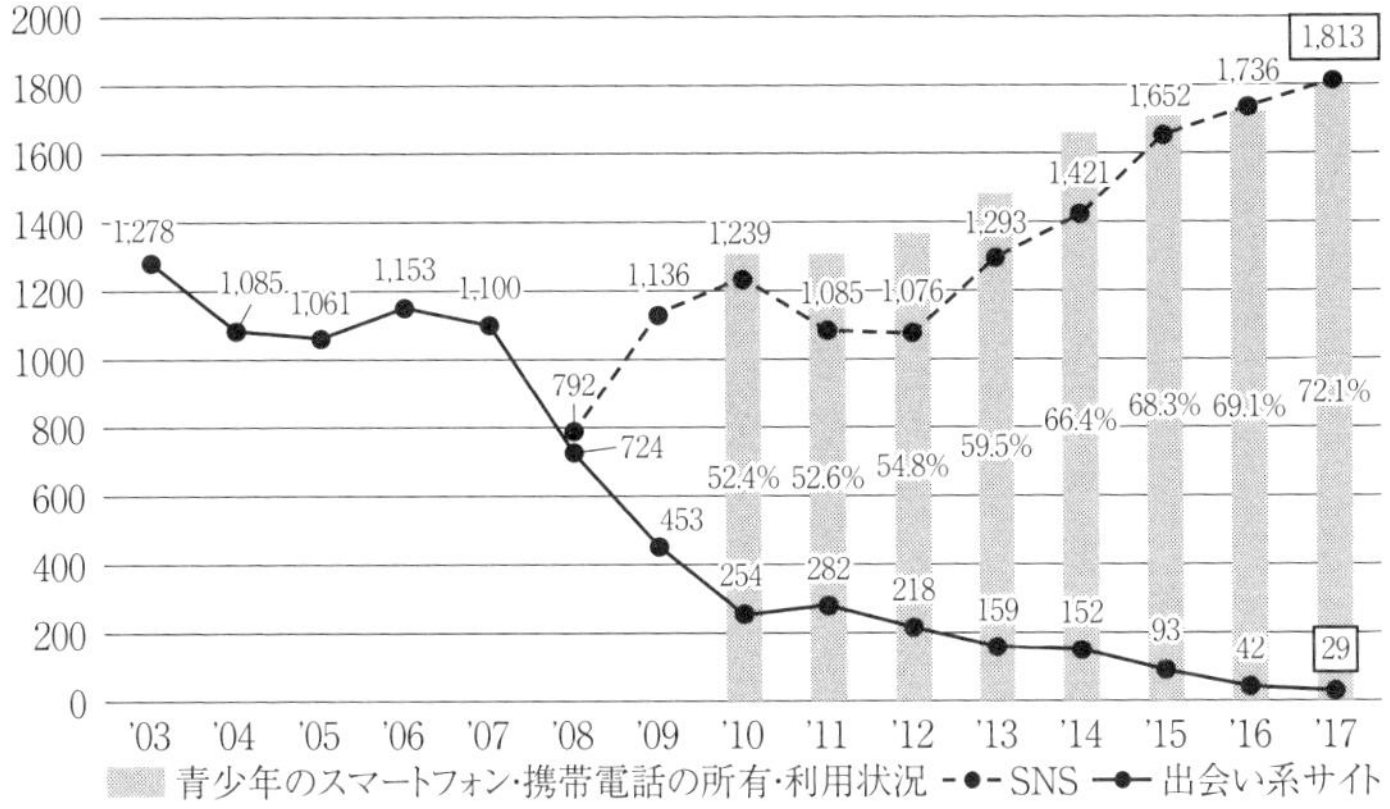

※青少年のスマートフォン・携帯電話の所有・利用状況（統計数値）については，
内閣府ホームページから引用

図 4.7　出会い系サイトと SNS（2008 年に改正法が施行）

〇八年改正）の施行後、出会い系サイトによる児童の被害は大幅に減少した。ただし、ＳＮＳによる被害は増加傾向にある（図４・７、警察庁生活安全局少年課資料による）。

ツイッターでの違法な勧誘や誹謗中傷を取り締まるには、加害者となる危険人物を特定する必要がある。しかし、プロバイダやＳＮＳの管理者は、個人情報についての守秘義務があって、相手が警察であっても、おいそれと報せることはできない。では、警察や被害者は、どのような場合にこうした情報の開示を命令したり請求したりできるだろうか。

よく知られているとおり、検察・警察は、裁判官の発行した捜査令状がある場合にはこのような情報開示をプロバイダやＳＮＳの管理者に命令することができる（刑事訴訟法二一八条一項）。また、捜査関係照会等に基づき、必要な事項の報告を求めることができる（刑事訴訟法一九七条二項）。さらに、緊急避難（殺人予告などがあった場合など）が該当するときも、情報開示を求めることが可能である（刑法三七条一項）。

被害者からプロバイダやSNS管理者への開示請求は、「特定電気通信役務提供者の損害賠償責任の制限及び発信者情報の開示に関する法律」（プロバイダ責任法）四条一項に定められている「発信者情報開示請求」により行うことができる。そのための要件は、権利侵害が明らかであること、開示されるべき正当な理由があることである。

学校裏サイトでも、発信者情報開示請求をすることは可能だが、相手が未成年の生徒なのが普通である。むしろ学校の相談窓口に行く、人権相談窓口（法務省）などに電話するなどのほうが効果的だろう。

違法コピー・著作権法違反

著作権のある情報を適切な取引をせずに入手したり、無断で公開したり、コピーしたり、販売したりすると、著作権法違反の罪に問われる。インターネットでの対象は、ソフトウェア（OSやアプリケーションのソースや実行ファイル）、書籍、音楽（音声ファイル）、映画（動画）、ディジタルアートなどが含まれる。大学の講義などにも著作権があり、隠し撮りして動画閲覧サイトに出すなどは違法行為となる。

違法コピーは、サイトにアップロードした人も、ダウンロードした人も処罰の対象となる。

ファイル共有ソフトを使った違法コピーも問題である。配布者の匿名性が担保され、さらにファイルも暗号化されていると、著作権違反があったのかどうか、誰が違反したのかがわかりにくくなる。

Winny（ウィニー）は、特定のサーバではなく、ユーザのコンピュータにデータを置く方式のファイル共有ソフトである。通信を暗号化し、複数のコンピュータ上にコピーを置く（キャッシング）などして高速化がはかられている。二〇〇二年五月にベータ版が公開されて多くのユーザを獲得したが、二〇〇三年に利用者が著作権法違反の疑いで逮捕・起訴され、製作者の金子勇氏も、この事件の著作権侵害行為を幇助したとして逮捕・起訴された。

さらに、Winnyで流通するファイルにウイルスが仕込まれるようになるなど、問題が拡大した。ウイルスは、Winnyを用いた人の個人情報をインターネット上にばらまくなど、大きな被害を利用者にもたらしている。

金子勇氏に関する裁判では、二〇一一年に無罪判決が確定している。ソフトウェアの開発自体は著作権に関わることではないから当然といえるが、逮捕から無罪判決までの八年間はいかにも長く、Winny開発者の金子氏の持つ高い技術力を社会に役立てるには、この係争は大きなマイナスであったと思われる。

図 4.8　ドストエフスキー
（ヴァシリー・グリゴリエヴィチ・ペロフ画，Wikipedia Commons より）

ネット社会では、「人を見たら泥棒と思え」ということか？

「泥棒」かどうか判断する前に、相手が誰であるかを特定する必要がある。

相手が、家族・親類縁者や同僚など、長年に渡って深いつきあいのある人であったり、銀行や信頼できるネットショップであったりすれば、普通は問題ないだろう。しかし、ネットの向こうからメールやメッセージがやってくるときには、まずは相手が本物かどうかを疑う必要がある。

私は、大学で情報セキュリティの講義を行うときに、「ネットの向こうにはスタヴローギンがいると思いなさい」と言うことにしている。スタヴローギンは、ドストエフスキー（図4・8）の小説『悪霊』の主人公であり、冷徹な悪の領袖である。たいへん頭の切れる男で、社会の裏から糸を引いて、殺人を含むさまざまな事件を起こす。知力・体力・美貌・統率力・カリスマ性など、どれも超一流である。

こういう人間が、ネットの向こうから標的型攻撃を仕掛けてきている。そう思うだけで、コンピュータやスマートフォンに向かう態度が慎重なものへと変わっていくのではないか。もっともこれは、『悪霊』を読んでいなければ、効果は薄いだろうが。

四・五　国家の関与が強く疑われる「悪」

二〇一〇年ぐらいから、国家の関与が疑われるサイバー攻撃がよく報道されるようになった。第一章で述べたスタックスネットはその代表例である。

国民が罪を犯すと罰せられる。しかし、国家がサイバー空間を経由して情報の盗み見や改竄をしても（その結果として人が死んだり莫大な経済損失がもたらされたりしても）、これを罰するのはきわめてむずかしい。

以下では、米国と中国という二大国の〈国家〉が中心的な役割を果たしたとみられている「悪」について観察してみよう。

図 4.9　エドワード・スノーデン（Wikipedia“エドワード・スノーデン”より）

スノーデン事件——米国の場合

二〇一三年六月、米国NSA（国家安全保障局）の職員であったエドワード・スノーデン（図4・9）は、休暇滞在先の香港でジャーナリストと会い、米国政府によって違法な情報収集が行われていたことを、膨大な証拠とともに内部告発した。情報収集は、電話とインターネットの盗聴によって行われており、主要な電話会社やＩＴ企業（プラットフォーマー）がこれに関わっていた。

盗み取った情報は、米国内で毎月三〇億件、世界中から毎月九七〇億件という膨大な量である。盗聴は、テロリストの疑いのある危険人物や仮想敵国だけでなく、日本やフランスなど同盟国大使館に対しても行われていた。ドイツのメルケル首相の携帯電話の盗聴などもあった。

ＮＳＡの監視システムは、ＰＲＩＳＭ（プリズム）と呼ばれ、大手ＩＴ企業のサーバ群にバックドア（非正規の通信接続機能）を設けるなどして情報収集を行ったと言われる。参加したＩＴ企業とは、マイクロソフト（Microsoft）社、グーグル社、ヤフー（Yahoo!）社、フェイスブック[2]（Facebook）社、アップル社、ＡＯＬ社、スカイプ（Skype）社、ユーチューブ（YouTube）社、パルトーク（Paltalk）社であった。米国のような大国と、大手電話会社、それにこれらの巨大多国籍プラットフォーマーが組めば、どんな情報でも取ってこられるだろう。

スノーデン事件によって、米国政府は、世界中から批判を浴びて国内外からの信用が失墜した。同時に、大手ＩＴ企業も裏の顔を曝すこととなり、さらには「クラウド化」の問題点をさらけ出す結果となった。

クラウドは、カスタマ側に信頼を持たれることが第一の条件となる。これは普通、契約や法律や信義によって担保されていると考えられているが、国家の圧力がある場合に、この担保はしばしば崩れ去るのである。

中国政府の関与が疑われるサイバー攻撃

中国政府の関与が強く疑われているサイバー攻撃は枚挙にいとまがないが、いくつか例としてあげておく。特に二〇〇七年から活発化したようである。

①ドイツのメルケル首相へのサイバー攻撃（二〇〇七年八月）
②米英独の政府コンピュータシステムへの侵入（二〇〇七年八月〜九月）
③米国国防総省への侵入、F35の設計情報窃取（二〇〇九年四月）
④グーグル社へのサイバー攻撃、知財の窃取（二〇〇九年一二月）
⑤NASAへのサイバー攻撃、ジェット推進研究所の重要情報窃取など（二〇一〇年〜二〇一一年）
⑥日本の衆議院・参議院等のパソコンへの標的型メール攻撃（二〇一一年一〇月）
⑦カナダ政府のコンピュータへのサイバー攻撃（二〇一一年一一月）
⑧フェイスブック社への高度なサイバー攻撃（二〇一三年二月）

2　フェイスブック社は二〇二一年にメタ（META）社と社名を変更したが、本書の記述は歴史的経緯も含んでいるため、フェイスブック社で記載を統一した。

⑨ 米兵器の二〇件超の情報の窃取。改良型パトリオットミサイルなどが対象（二〇一三年五月報道）

⑩ 日本の年金機構への攻撃（二〇一五年五月）

中国からのサイバー攻撃は、国家機密や軍事機密の窃取だけでなく、産業スパイを目的とするものが目立つ。

中国のサイバー攻撃の主体は、人民解放軍戦略支援部隊、国家安全部、公安部の三つと言われているが、その実態・規模など詳しいことはわかっていない。二〇一四年五月、米国司法省は、米国企業及び労働者団体に対してサイバー諜報活動を行ったとして、中国軍の五人のハッカーを起訴している。

サプライチェーン攻撃

今、製品は、原料調達・部品製造・商品製造・物流網による供給という流れで、生産者から消費者に届く。各段階で国境をまたぐ物の移動が起こることも珍しくない。また、ソフトウェアは、原料となる物はなく、インターネットを介して移動するので、サイバー空間の中の流れとなる。サイバー空間での移動には、実空間での物の移動よりも、はるかに高速に安いコストで行われる。

こうした一連の動きとつながりを指して、サプライチェーンと呼ぶ。

サプライチェーンのどこかでマルウェアを仕込むことで、従来にはなかった攻撃が可能になる。また、サプライチェーンのどこかに対して攻撃を行うことで、チェーンを止めたり、本来のものではない不正な製品に変えてしまったりすることもありうる。これらを指して、サプライチェーン攻撃と呼ぶ。

サプライチェーン攻撃があったと言われるものに、中国企業によるスパイウェア注入事件がある。二〇一四年六月、ドイツ製のセキュリティソフトG Dataが、中国製の携帯電話にスパイウェアが仕込まれていることを発見した。スパイウェアは、出荷時にはすでにファームウェア（低位のソフトウェア）に仕込まれており、ユーザからは検出できない仕組みになっていた。

同様の仕組みは、大手のレノボ（Lenovo）社、ファーウェイ（HUAWEI）社、シャオミ（Xiaomi）社のスマートフォンからも発見されており、ウイルス対策ソフトを無効にした上で、電話盗聴、ブラウザ履歴・電話帳・電話履歴の窃取・送信を行うことが確認された。送信先は中国ということである。

今の情報社会を考えるとき、データをどう収集するかが大きな鍵となる。多国籍企業である巨大プラットフォーマーが集めるのが主流だが、よりダークなやりかたとして、製品を製造するときにデータを集める仕組みを仕掛けることがあるだろう。後者は、情報機器の工場のある国で行われる可能性が高い。

サイバー空間は常に戦時である

これまで見たように、個人の犯罪とは違って、国家ぐるみのサイバー攻撃は、まことに見境がない。強大な組織力・経済力・軍事力をもって、インターネット上で情報を奪ったり、消去したり、改竄したりしてダメージを与える。攻撃者は見えにくく、何が行われているのかは、一般の人々からはわかりにくい。

ここでは、米国と中国をあげたが、他にもサイバー攻撃に関与していると言われる国はいくつもある。

国家の利害が絡む場面で、サイバー空間は、格好の戦場である。国際法や条約はあっても、犯人がわからなければ、ルール違反が見つかってもシラを切り通せばよい。今の国際社会では、そういう考え方が通用している部分があり、サイバー空間はもはや日常的に戦時にある、と言えるかもしれない。インターネットが巨大化し、世界中でサイバー空間の役割が加速度的に重くなってきた昨今、とりわけ危険な状況になってきている。

四・六　サイバー社会における国家と個人

第一章では、スタックスネット、本章では遠隔操作ウイルスという二つの事例をあげて、サイバー社会における「悪」が実世界でどのように働くかを見た。一つは国家の悪であり、もう一つは個人の悪であった。

サイバー以前の世界では、国家の悪と個人の悪は、手段も地理的な広がりも、全然違うものであった。戦争ともなれば国家は、戦闘機や軍艦、ミサイルなどを繰り出すし、個人の犯罪者は、銃器や刃物、時限爆弾などを使うのが普通だっただろう。

コンピュータとインターネットが世界中に行き渡った現在では、「悪」の手段として使われるものに原理的な差異はない。それは、ウイルスであり、トロイプログラムである。スタックスネットは、ゼロデーウイルスを仕込むなど高度なマルウェアであったが、やっていることはプログラムの不正注入によって機器の誤動作を起こさせることである。他方のパソコン遠隔操作事件でも、マルウェアを不正注入して爆破予告の書き込みなどを行った。出口は違うが、サイバー攻撃としてのありようは同じである。

両者ともに国境はなく、地球規模の展開が可能だ。実際、スタックスネットは世界中にばらまかれたが、パソコンの遠隔操作も、国際的に使われるSNSを経由し、英語で書かれた脅迫状を送るなどすれば、被害の範囲は一気に拡大しただろう。

悪事に国境はない、とは昔からよく言われることかもしれないが、サイバー社会の進展によって、「国境」という言葉の持つ敷居は、確実に低くなったのである。

第五章　セキュリティの技術と心得

五・一　情報セキュリティとは何か？

情報セキュリティは三つの要件から成っていると言われる。機密性（Confidentiality）、完全性（Integrity）、そして可用性（Availability）である。

機密性とは、情報の不正な漏洩がないことであり、情報セキュリティと言ったときに、特にこの性質を指すことが多い。これに加えて、完全性とは、システムに不適切（不正）な変異が生じないこと、可用性とは、いつでも正常にサービスできることを指す。

物理システム（「モノ」の世界）のセキュリティとの違いに、以下のようなことがある。

表 5.1 セキュリティ技術

暗号関係	共通鍵暗号
	公開鍵暗号
	ディジタル署名
	認証局・公開鍵証明書
改竄検知	ハッシュ関数
ブロックチェーン	PoW

① ディジタル化された情報は「数」の世界であり、読みとり、コピー、書き込みが誰でも簡単にできる。

② ソフトウェアはハードウェアとは違う性質をもつ。

（ア）統計になじみにくい。

（イ）初期不良が見つけにくい。

（ウ）経年劣化がない。

（エ）バグや脆弱性が一瞬で複製される。よく使われるソフトだと、億単位の複製も珍しくない。

③ 遠隔操作が容易であり、匿名性が担保される。

（ア）破壊活動は広範なものとなる。

（イ）悪意のある場所が遍在しており、特定しにくい。

④ 完全保証型ではなく、最善は尽くすが保証・補償をしないベストエフォート型（第三章、第四章参照）を前提としている。

五・二 暗号

セキュリティの技術で最も基本的なものが暗号である。暗号は、言うまでもなく守秘性を高めるために用いられる。

暗号は、秘密にしたい文（「平文」と呼ばれる）を、暗号化された文（「暗号文」）に置き換える作業である。この置き換えの規則を、「鍵」と呼ぶ。

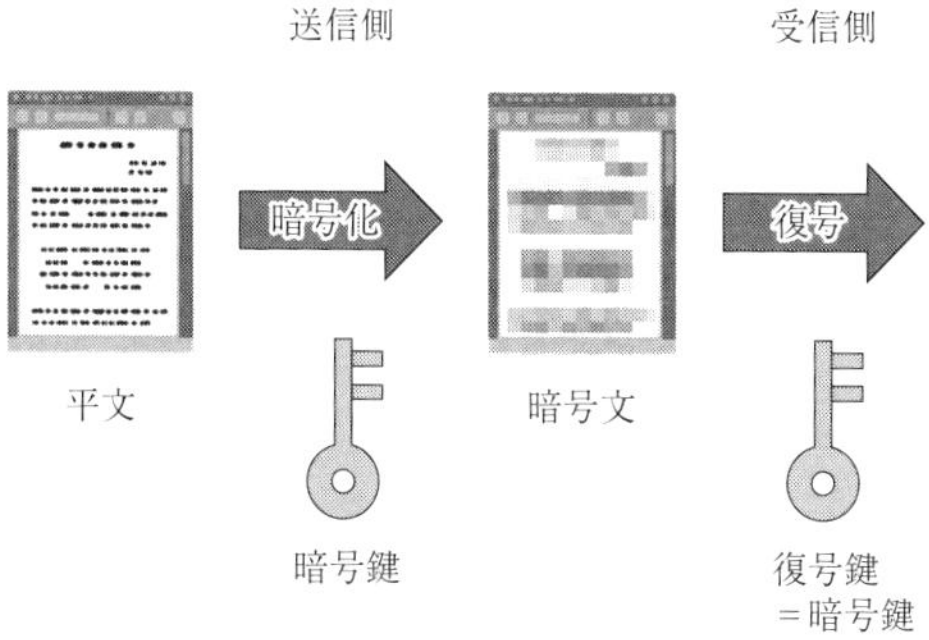

図 5.1　共通鍵暗号による通信

共通鍵暗号

古来、暗号に用いられる鍵は、暗号化のときと復号のときで同じもの（正確には、後者は前者の逆関数）であった。これを共通鍵と呼び、このような暗号を共通鍵暗号（対称暗号）と呼ぶ。

図5・1に、共通鍵暗号による通信の仕組みを示す。平文は、送信側で暗号鍵を用いて暗号化された後に、誰からも見ることのできる通信路（インターネットなど）に送り出される。受信側はこれを受け取って、復号鍵＝暗号鍵を使って平文を復元する。

本書では、第二章でシャーロック・ホームズに登場する「踊る人形」、第三章でナチス・ドイツの使ったエニグマについて述べた。暗号の基本として、第一に文字の置き換えが考えられるが、「踊る人形」やエニグマはこのやりかたの暗号であった（換字式暗号）。文字の置き換えだけでは鍵を見いだすのが容易である。そこで、一文字ごとに置き換えの規則を変更したのがエニグマであり、文字の位置を入れ替えたのが、第三章の踊る人形の難読化であった。後者は、転置式暗号と呼ばれる。

現代の暗号でも、換字と転置の組み合わせが使われている。この方式は、共通鍵暗号の一種である。

現在、標準的な共通鍵暗号であるＡＥＳ（Advanced Encryption Standard）は平文を一二八ビットごとに区切り、一つ一つをブロックとして、これをバイト単位に四×四の正方行列で表現し、これに「換字と転置といくつかの操作を加える」ことを何回かくり返すことで、暗号化を行っている。

ＡＥＳは、比較的簡単に暗号文が作れ、平文と暗号文が同じ長さで済む利点がある。強度的にも、今のところ大きな欠陥は見つかっていない。もっとも、ＡＥＳは、意味のある時間内計算で破ることができる。コンピュータの高速化とともに、この種の換字と転置の組み合わせによる暗号は、破られる可能性が高まる。これを暗号の危殆化という。

暗号鍵の管理

共通鍵暗号では、暗号鍵を、送信者と受信者で共有しなければならない。これをどうやって伝えるかは、大きな問題となる。

暗号文を送るのと同じ経路を使って、暗号鍵を送ることは原理的に不可能である。

① 平文のまま暗号鍵を送ると、鍵が漏洩する

② 鍵を暗号化すると、受信者が復号できず、鍵を知ることができない

すなわち、この通信路を使う限り、共通鍵の授受はできないのである。別の手段（直接会って、盗撮・盗聴されていないことを確認してから伝えるなど）が必要となる。このときに、暗号の仕組みそのものとは別の危険を冒すことになる。

公開鍵暗号

共通鍵暗号の二つの欠点、すなわち、危殆化のリスクと鍵伝授の困難を解決したのが、公開鍵暗号（図5・2）である。

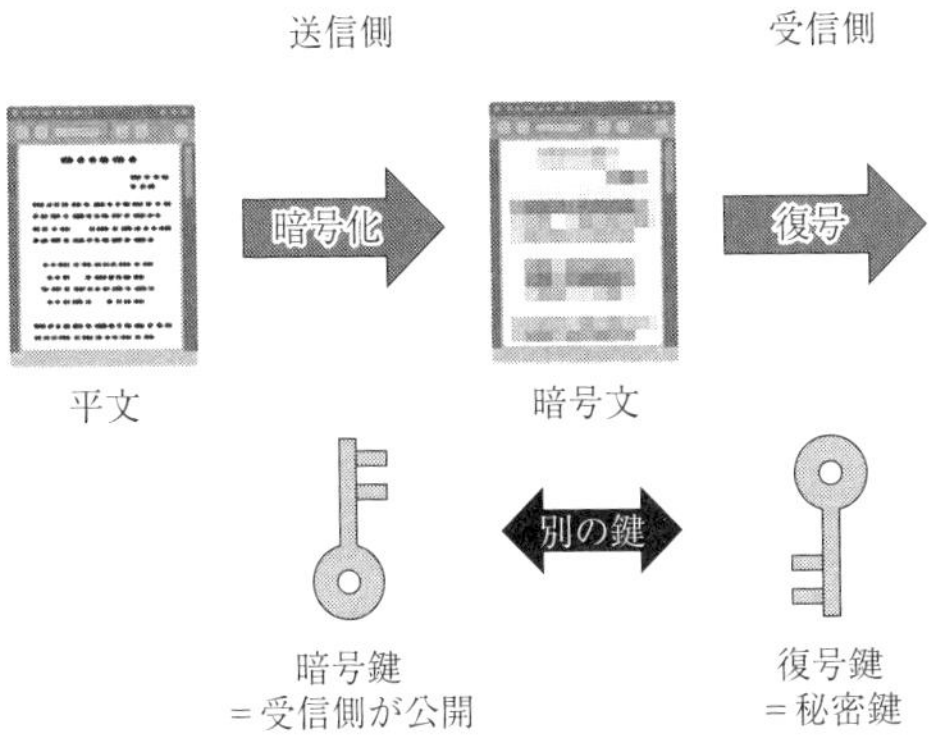

図 5.2　公開鍵暗号による通信

■公開鍵 {e, n}
- e：適当な正整数
- n=p·q（310 桁以上，最近は 2000 桁以上）
- p, q：大きな素数

■信号鍵（秘密）d
- d·e mod lcm（p−1, q−1）=1
  - mod は剰余
  - lcm（A, B）：A と B の最小公倍数

■暗号化（平文 m から暗号文 c を作成する）
$c=m^e \bmod n$
- 簡単

■復号（暗号文 c から元の平文 m を得る）
$m=c^d \bmod n$
- 「n の素因数を知らないとむずかしい（大きい合成数の素因数分解はむずかしい）」

図 5.3　RSA 暗号の原理

公開鍵暗号による通信では、暗号化の鍵と復号鍵は別のものを用いる。そして、暗号鍵は、受信側が（世界中に）公開する。送信側は、公開鍵を用いて暗号化を行い、通信路にこれを送り出す。受信側は、復号鍵を用いてこれを復号する。

ここで重要なのは、第三者が公開鍵を知っていても復号はできない、ということである。そのための仕組みが具体的に考案されたのは、一九七〇年代のことだ。

今、最もよく使われる公開鍵暗号は、RSA暗号である。この名称は、開発者のR. L. Rivest、A. Shamir、L. Adleman のイニシャルを並べたものだ。

RSA暗号の原理を図5・3に示す。ここでは詳細には立ち入らないが、以下のことは理解していただきたい。

① 暗号化・復号ともに、文（数で表現される）をべき乗して剰余をとったものであり、単純な計算である。

② 公開鍵のうち、nは二つの大きな素数p、qの積である。p、qの値は公開されない。

③ 復号鍵ｄを求めるには、ｐ、ｑの値が求まればよい。したがって、ｎの素因数分解ができれば、ｄは求まり、暗号は破られる。
④ ｎの素因数分解は、有限時間内でできるのだが、ｎが大きくなると、現実的な時間内でこの計算を行うことはできない。数学の言葉で言えば、多項式時間でこれを解くアルゴリズムは発見されていない。

この④によって、ＲＳＡ暗号は安全であると考えられている。ｎの桁数を十分に大きくとれば、スーパーコンピュータを用いてもｐ、ｑの値を求めるには天文学的な時間が必要になる。また、暗号化は公開鍵だけで行われるので、鍵の受け渡しのリスクはなくなる（秘密鍵保管のリスクはある）。

公開鍵暗号は、ＲＳＡ暗号以外にも、楕円曲線暗号などがある。楕円曲線暗号は、ＲＳＡ暗号よりも短い鍵長で同じ強度を実現できる利点がある。

公開鍵暗号による暗号化・復号には、共通鍵暗号よりも多くの時間を要する。そこで、公開鍵暗号は、共通鍵暗号を交換するときだけに使い、共通鍵が安全に共有されてから後の通信は、共通鍵を用いる方法が暗号通信で一般的になっている。

デジタル署名

公開鍵暗号によって通信の守秘性が保証できたとしても、通信相手が本物かどうかは、わからな

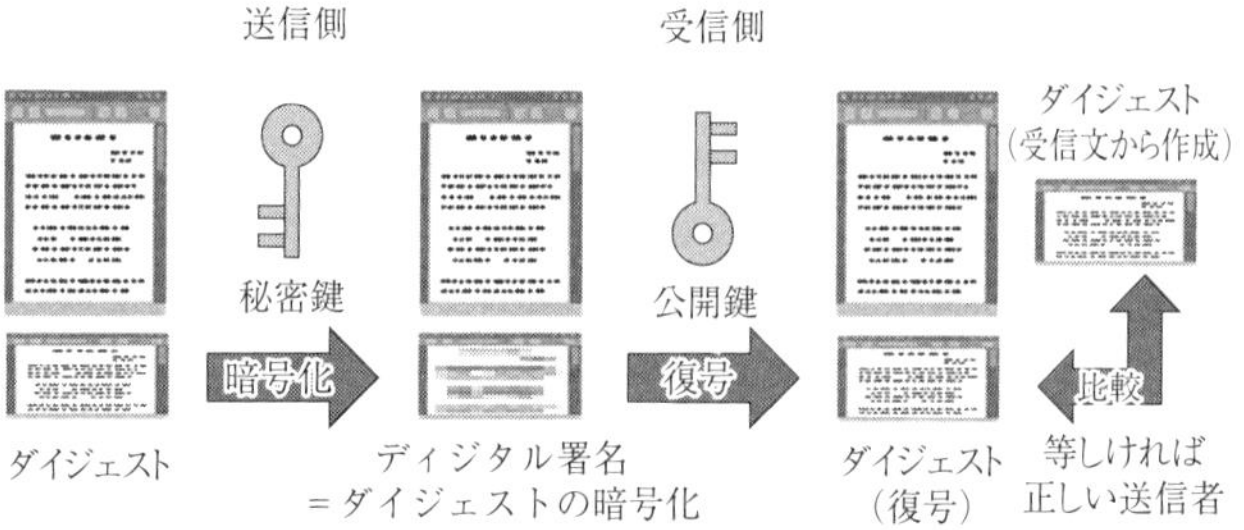

図 5.4 ディジタル署名を用いた通信(送信者の正当性が保証される)

い。偽物が本物になりすまして公開鍵を使った暗号文を送ってくるかもしれないのである。

では、通信相手が本物であることは、どうやって保証するのであろうか。

ここで、図5・3をもう一度見てほしい。暗号化の式と、復号の式は、eとd、cとmを入れ替えただけのものとなっている。このことは、秘密鍵dを使って暗号化した文c(暗号文はm)は、公開鍵eを使って復号できるということを意味する。逆に、秘密鍵dを知らない人は、mを作ることができない。

この仕組みによって、ディジタル署名が実現される。公開鍵で復号ができた暗号文の送り主は、この公開鍵に対応する秘密鍵の持ち主であることが保証されるからである。

図5・4は、ディジタル署名のついた通信の手順を示したものである。

送信者は、平文のダイジェスト(要約)を作って、これを秘密鍵を使って暗号化する。これがディジタル署名である。

続いて、送信者は、通信経路を使って、平文と電子署名を送る。

受信者は、文書からダイジェストを作るとともに、公開鍵を使ってディジタル署名を復号する。その結果復元されたダイジェストと、送られてきた文書のダイジェストと照合する。これが等しければ、この暗号文は正しい送信者から送られてきたことになる。また、ダイジェストがうまく作られていれば、途中で改竄があった場合に、二つのダイジェスト間に齟齬が生じてこれが発見される(次項参照)。

なお、原文は、必要に応じて暗号化されるが、この場合も秘密鍵によって暗号化され、公開鍵によって復号され、ダイジェスト間の比較で正当性が保証される。

暗号学的ハッシュ関数＝メッセージダイジェスト関数

前項で、送りたい文のダイジェストを作り、これを暗号化してディジタル署名とすることを述べた。

ではこのダイジェストは、どのような性質を持つものとして作ればよいか。これは、次のようなものである。

① ダイジェストから、メッセージを逆算することが(事実上)不可能であること

② 同じダイジェストとなる、異なる二つのメッセージを求めることが(事実上)不可能であること

③ メッセージをわずかに変えたとき、ダイジェストは大幅に変わり、もとのメッセージのダイジェストの値とは相関がないように見えること

これを満足するように本文からダイジェストを作るのが、暗号学的ハッシュ関数である。ハッシュ関数としては、米国国家安全保障局によって定められたSHA－1などがよく使われてきた。

認証局と公開鍵証明書

公開鍵暗号の安全性は、正当な受信者が秘密鍵を守秘してこれに対応する公開鍵を公開しているときだけ保証される。そうでない場合には、公開鍵は使えない。受信側のセキュリティが甘く秘密鍵が漏洩した場合、第三者が受信者になりすまして公開鍵を送りつける場合、受信者が送信者を裏切って損害を与えようという場合などがこれにあたる。

公開鍵暗号を安全に利用するためには、公開鍵の守秘性を保証する仕組みが必要になる。これを行うのが、認証局（公開鍵証明書認証局：Certificate Authority）である。認証局は、英語の頭文字をとって、CAとも呼ばれる。

以下に、認証局によって公開鍵暗号の安全性を保証する手順を示す（図5・5）。

(1) 通信の受信者（＝申請者）は、公開鍵の使用を認証局に申請する。

(2) 認証局は、申請者の審査をし、合格した申請者に公開鍵証明書を発行する。公開鍵証明書は、ユーザ（受信者）の情報、公開鍵、認証局名、認証局のディジタル署名が含まれる。公開鍵証明書は、認証局以外によって偽造される恐れがあるため、これを防ぐために、公開鍵証明書は、必ず認証局のディジタル署名を含めなくてはならない（図5・6）。

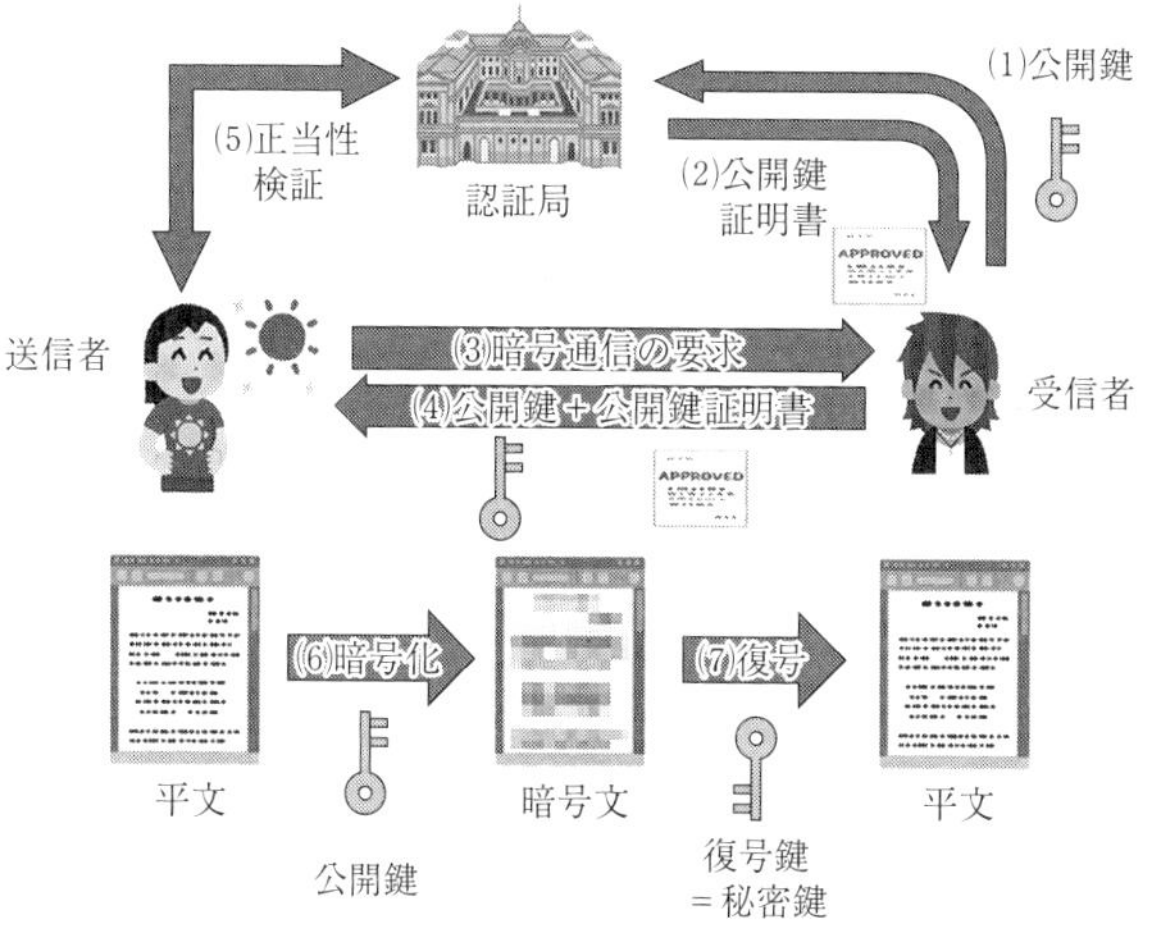

図 5.5 認証局を通した公開鍵の交換〜安全な暗号通信

(3) 送信者は、受信者（＝認証局への申請者）に対して、暗号通信の要求を送る。

(4) 受信者は、送信者に対して、公開鍵と(2)の公開鍵証明書を送る。

(5) 送信者は、(4)の公開鍵証明書の正当性を認証局で確認する（認証局自身の信用は、(2)のディジタル署名によって保証される）。

(6) 送信者は、公開鍵を用いて送りたい平文を暗号化して受信者に送る。

(7) 受信者は、秘密鍵を用いて、(5)の暗号文を平文に戻す。

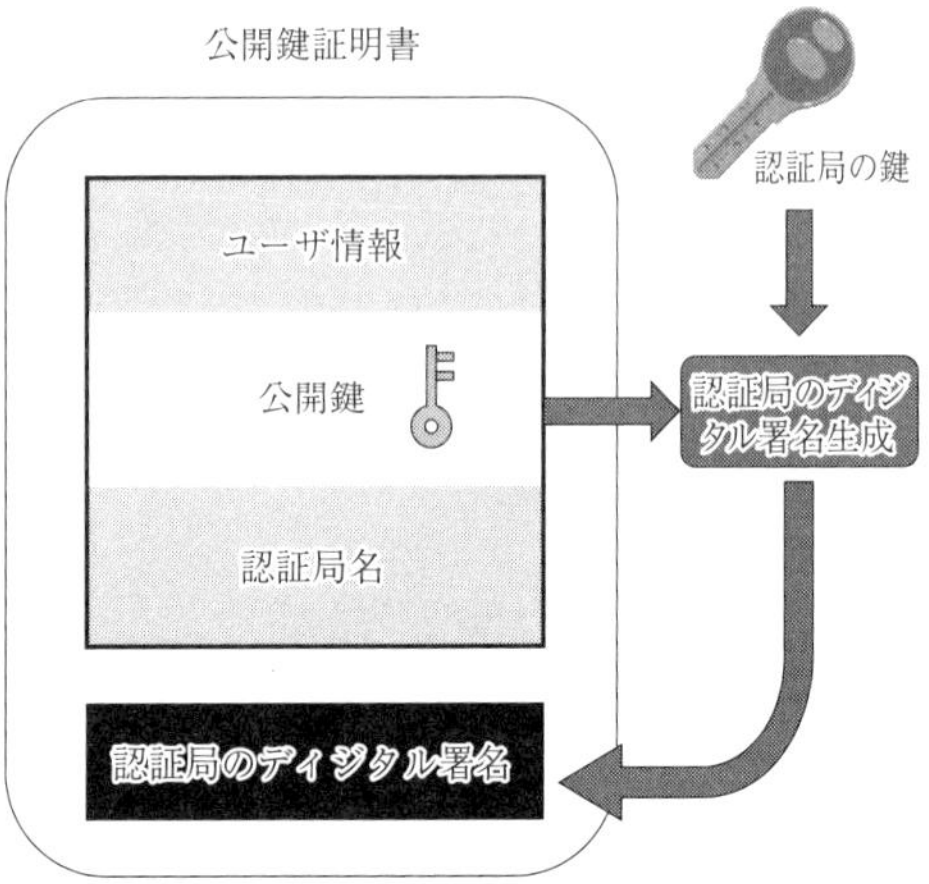

図 5.6　公開鍵証明書の作成（認証局）

SSL／TSL

前項で公開鍵の安全性を担保した公開鍵暗号のやりとりについて述べた。実際には、公開鍵による暗号化は時間がかかるので、ここで送るのは（公開鍵とは別の）共通鍵とし、共通鍵が共有できたところで、後の通信は共通鍵だけを使って暗号化・復号することが一般的である。

この様子を、図5・7に示す。

(1)～(5) 前項と同じ。

(6) 送信者は、これからの通信で用いる共通鍵を、公開鍵を使って暗号化し、送信する。

(7) 受信者は、秘密鍵を使って復号し、共通鍵を入手する。

(8) 送信者は、共通鍵を使って平文を暗号化し、これを送信する。

(9) 受信者は、共通鍵を使って暗号文を平文に戻す。

(8)(9)は、送信者・受信者が交代しても同じ作業となる。

この手順は、インターネット上のコンピュータ間で行われる安全な通信のプロトコルであるSSL（Secure Socket Layer）や、その発展形であるTSL（Transport Secure Layer）の基本となっている方式である。

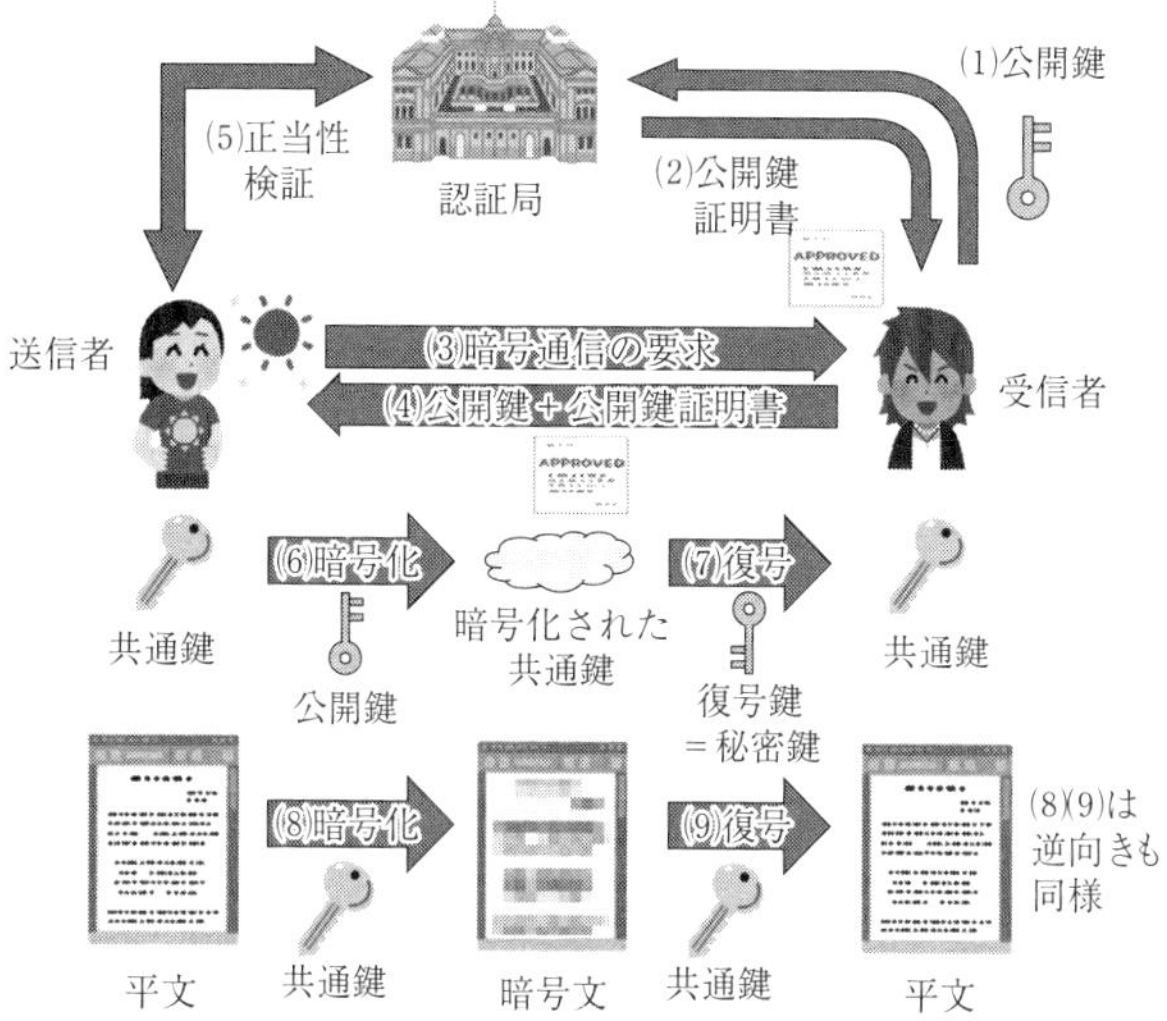

図 5.7　SSL/TSL の基本原理

五・三　ブロックチェーン

安全な取引を行う枠組みとして、ブロックチェーンの技術が利用されるようになった。特にブロックチェーンを利用した仮想通貨（暗号通貨）は、世界中で爆発的な流行となり、二一世紀の社会に浸透した感がある。

ブロックチェーンの原理

ブロックチェーンの本領は、「集中管理機構なしに、信頼関係のない人々の間で、正しいデータを共有し、正しく更新していく」ことにある。国家や独占企業のような中央集権

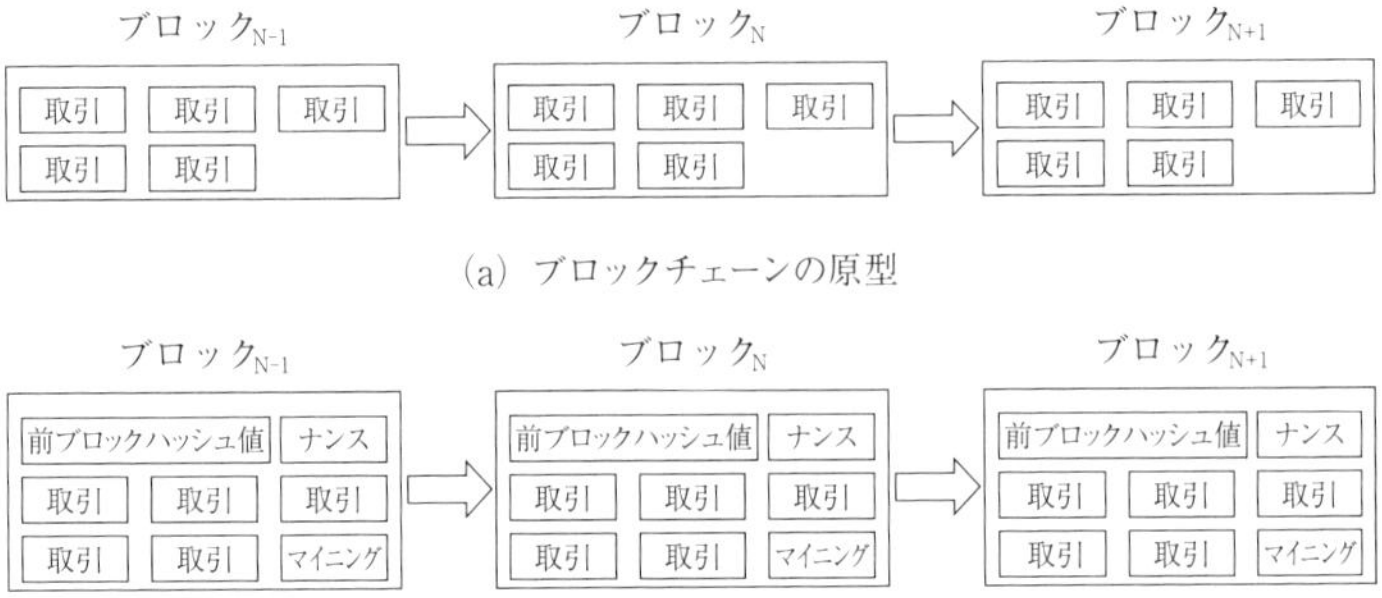

(a) ブロックチェーンの原型

(b) ビットコイン型ブロックチェーン

図 5.8　ブロックチェーンの原理図

的権威に頼ることなく、大量のデータを安全・正確に共有・更新するにはどうしたらよいか。この問いに解答を与えるのがブロックチェーンというわけだ。

ブロックチェーンでは、対象とするすべてのデータのコピーを、すべてのノード（コンピュータ）が持つ。そして、利用者全員が、原則としてこの情報にアクセスできるようになっている。

各ノードに置かれているデータは、ブロックと呼ばれる情報の固まりが鎖状につながった形をしている。後のブロックは、前のブロックの更新情報が入れられていて、最初のブロックから鎖をたどれば、すべてのデータの正確な値が読みとれる構造になっている。この構造から、「ブロックチェーン」の呼称となった（図5・8（a））。

ブロックは、一度生成されたら、二度と書き換えることはできない。また、新しいブロックを作るチャンスはすべてのユーザに与えられているが、最終的には一つのブロックだけが選ばれ、すべてのノードにコピーされて、チェーンの先頭につながれる。選ばれなかったブロックは、破棄されて消え去るのである。実はこのブロックの選択をする権限は、どのユーザにも、どの組織にも与えられていない。

こんなやりかたで、どうして正しいブロックチェーンが作れるのか。これまでの社会だと、「そんなことはできない」と考えるのが常識だったが、この常識をくつがえしたところに、ブロックチェーン技術の革新性がある。そして、これには、ちょっとおもしろい数学が関わっているのである。新しいブロックはどのように作られ、チェーンにつながれるか、ビットコインのやりかたをモデルとして、簡単にその原理を見てみよう。

（1）正しい情報更新

仮想通貨の授受など、データの更新が発生した場合、この取引を発生させる人は、取引相手の電子署名に紐付けられたアドレスを指定する。これにより、正しい相手だけが取引を受け入れられるようになる。

取引を発生させる人が正直な善人であれば、以上の情報更新をそのまま新しいブロックに反映させればよいのだが、彼（女）が悪人で、二重支払いなどの不正を行った場合は、これを排除する必要がある。

もし中央管理機構があれば、すべての取引をここでチェックすることで不正をなくすことができる。しかし、ブロックチェーンの世界ではこうした機構を設けないのが原則なので、別の方法で、不正や過失を排除しなければならない。

そこで、第一に、取引を発生させる人は、自分の電子署名をつけてこの取引内容を公開する。第二に、公開の場で、誰かが不正な取引を見つけてこれを取り除く。そして、正しい更新情報だけを入れた新しいブロックを作り、過去のどのブロックの次のブロックであるかを明確にした上で、これを公開する。

公開にあたっては、先に述べたハッシュ関数を使った方法で改竄を防止する。もとのデータを改竄すれば、ハッシュ値の齟齬が生じてこれが検知されるので、これによって改竄を防ぐことができるのである。

（2）新しいブロックの作成

新しいブロックを作るための情報はすべて公開されているので、誰でもこれを作ることができる。ただし、その手間を払う人がいるかどうかは、別の問題だ。また、できたブロックが本当に正しいものになっているのかは、多数の参加者が本気で検証しなければならない。これもたいへんな手間となる。

ブロック作成と検証の労力を誰が払うか。この問題は、（電子署名を使った身分証明のようには）数学的には解決することができない。

ブロックチェーンでは、「報酬」を設けて、この問題を解決した。新しいブロックを作った人には、報酬を与える（ビットコインを与える）のである。世俗的でありふれた手法とも言えるが、これは効果抜群であった。

さて、報酬が与えられるとなると、今度は逆に多数の人が新しいブロックを作って公開する可能性がある。ブロックが乱立してまともに動かなくなってしまうのだ。「一番早くできた正しいブロックを次のブロックと認め、これを作った人に報酬を与える」としても、生成時刻の正確な管理は簡単ではないだろう。

そこで再び、数学の出番である。新しいブロックには、改竄防止のためのハッシュ値がついている。この値をある範囲内におさめるように、更新情報にさらに新しい情報（ビットコインではナンスという）を加えることとする。この新しい情報を早く確定してハッシュ値を求める範囲に収めたものを、新しいブロックの生成者と認める、というわけである。ハッシュ値計算の競争によって新ブロックを決めるやりかたをＰｏＷ（Proof of Work）と言い、その作業をマイニングと呼んでいる。

これはたいへん賢い方法である。特定のハッシュ値をとるデータを作ることは実用的な時間内ではできないが、「ある範囲のハッシュ値をとるデータを作る」のは、（かなりの時間がかかるとはいえ）昨今のコンピュータの能力からして無理なことではない。計算力の勝負に勝った者が、次のブロックの生成者となり、報酬を得る。この競争によって正当性も担保されるし、ブロックの乱立も防げる、というわけだ（図５・８（ｂ））。

ここで、マイニング自体も取引の一種となるため、図５・８（ｂ）の各ブロックには、最後に取引のマス目が一つ追加されている。また、当該ブロックには前のブロックのハッシュ値を持たせて、改竄をさらに困難にしている。

（3）ブロックチェーンの分岐

ハッシュ値をある範囲に収める作業は、手間がかかるとはいえ、複数の人が（ほぼ）同時にこれに成功する可能性がある。その場合には、ブロックチェーンは分岐してしまい、放置すれば収拾がつかなくなる。

分岐したチェーンを一本に戻すための方法はいくつか提案されている。代表的なやりかたは、「最も長く伸びたチェーンを正当なものとする」というものだ。チェーンは長いほど改竄耐性が高いと言われており、これが最長チェーンを選択する理由となっている。

以上、ブロックチェーンの概要を示した。中央集権的な機関がなくても、悪人が混じっていても、誰も責任をとる人間がいなくても、正しい動作をして改竄されない、そんな取引の仕組みがブロックチェーンによって作られたのである。

ブロックチェーンの利点

ブロックチェーンの信頼の根拠は、第一に電子署名やＰｏＷなどの数学理論であり、第二に「報酬」の経済合理性である。これは、国家や銀行・多国籍企業などへの信頼とは性質が異なる。簡単に言えば、人間や社会を信頼する必要がない、ということだ。今日の日本のような社会であれば、このことのメリットはそれほど大きくないかもしれないが、政情不安定な国やインフレの進行が速すぎる社会では、これは大いに有効だろう。

ブロックチェーンは、普通の手段では改竄ができないので、高いレベルで正当性が担保されているし、ウイルスなどによる攻撃に強い。また、多くのノードにコピーが置かれているので、ＤｏＳ攻撃などに対しても耐性が高いと考えられる。

さらに、管理者・管理機関を置かないことで、さまざまな費用・手数料が削減できる。たとえば金融機関の決済コストは二五％減らせると言われている。

もう一つ。マイニングの報酬や、仮想通貨の交換レートの変動は、新しい金融産業を生んでいることもあげてよいだろう。ただし、これは他の産業の決済部門などを破壊しながら進められているとも言える（ＩＴ産業は多くがこの性質を持つ）。

ブロックチェーンの問題点

これまで見た通り、利点が多いブロックチェーンであるが、問題がないわけではない。ブロックチェーンそのものは「悪」ではないと断った上で、ここでは、以下に五点を指摘しておこう。

① セキュリティ

ブロックチェーン本体は安全なものであっても、チェーンへの入口となる取引所のセキュリティが甘いとハッキングを受け、場合によっては一般ユーザまで被害を受ける。この問題は、ブロックチェーンの社会実装が成熟していくに従って解決していく問題とも考えられる。しかし現在、政府機関・有名ＩＴ企業などがしばしばサイバー攻撃を受け、重要情報が流出しているのを見ると、将来においても、ブロックチェーンの取引に携わる会社が完璧なセキュリティを実現すると考えるのは楽観的過ぎるかもしれない。

② マネーロンダリング

ブロックチェーンは、取引者が電子署名を行い、すべての取引を記録するシステムである。このシステムの内部では、誰が何をしたのかをごまかす方法はないと言ってよい。しかし、取引所では、ユーザの身元を十分に確認しないままに取引に参加させている可能性がある。大手の銀行などでは厳しくチェックされていることが、新規参入の業者などではそうでない場合があるかもしれない。

類似の問題として、脱税や闇市場の形成などがあると言われている。

③ 不安定性

仮想通貨をドルや円など既存通貨と交換するさいのレートは、とても不安定である。たとえば、ビットコインの場合、一コインあたりの交換レートは、二〇一七年一〇月には五〇万円前後、同一二月には二〇〇万円超、二〇一八年三月には一〇〇万円を割り込む、といったように、極端な上下動を繰り返してきた。こうした激しい動きは、コロナ禍以後も続き、二〇二一年五月八日には、約六四〇万円と高騰した。

④ 五一％攻撃

さきに、ブロックチェーンの正しさを担保し、ブロックの乱立を防ぐ方法であるＰｏＷについて述べた。ＰｏＷは、正当な競争が行われているときには機能するが、計算力の五一％以上が特定の人ないしグループによって占められている場合は、不正が行われる危険がある。すなわち、不正な取引の入ったブロックをＰｏＷ込みで作り、このチェーンを伸ばすことで、正しくないブロックチェーンを作り上げることができる。このように、圧倒的な計算力を持てば、偽造の取引を重ねていくことができるのである。

⑤ 消費電力

マイニングは大規模計算を伴う。そのため、電力消費の問題が起こっている。コンピュータの使う電力などたいしたことないと考えられがちだが、ビットコインのマイニングによる消費電力は、二〇二一年現在、すでにノルウェー一国の消費電力を上回っている。

国などの中央集権組織をスルーする代償として、①〜⑤を当然とするか大きすぎることとするかは、よく検討してみる必要があるだろう。

なお、ここではパブリックなブロックチェーンについて述べたが、国や大銀行などが取り回すプライベート・ブロックチェーンもあり、こちらは少し違う性格を持つ。この点は、注記しておくにとどめたい。

表 5.2　ユーザの侵入防止・マルウェア対策

対策	内容
ソフトウェアのアップデート	脆弱性除去
ウイルス対策ソフト	フィッシング対策
	マルウェア検出・除去・隔離
	ランサムウェア対策
	銀行取引・商取引の保護
	ID／パスワード管理
パスワード	安全な作成法
メール・ブラウザの使い方	フィッシング対策
ソーシャルエンジニアリング	作業場所を選ぶ，ネット接続を制限するなど

五・四　侵入防止・マルウェア対策（ユーザ編）

本章では、セキュリティの基本となる暗号と、取引の信頼性を担保するブロックチェーンの仕組みを見てきた。ここからは、侵入を防止し、マルウェアを防ぐために何をするべきかを見ていく。

ソフトウェアのアップデート

第三章、第四章でも述べた通り、今使われているソフトウェアは、多くがベストエフォートの考えで作られており、ユーザからのフィードバックを受けて、バグや脆弱性を修正している。このことを逆に言えば、ソフトウェアはベンダから連絡があれば、すぐに更新できるようにしておかなければならない、ということになる。Windows Update などが典型的な例である。

ＤＤｏＳ攻撃のときにボットにされるコンピュータや情報機器は、ソフトウェアのアップデートが遅れたものが多い。

ウイルス対策ソフトウェア

ウイルス対策ソフトウェア（セキュリティソフトウェア、アンチウイルスソフトウェアなどとも呼ばれる）は、現在では多くのユーザが導入している。その機能は、以下のようなものである。

① マルウェアの検出と除去・隔離

マルウェアに含まれるパターンをデータベース化し、新たにコンピュータに入ってくるファイルにこのパターンがないかどうかチェックする。あったらそのファイルを除去あるいは隔離する。新しいマルウェアが発見されるたびにパターンが登録され、ユーザに通知される。ユーザはそのたびに、アップデートをかける必要がある。

② ランサムウェア対策

第三章で述べたランサムウェアはマルウェアの一種であり、右の①の防御が第一である。さらに、万が一ランサムウェアに感染してファイルが見られなくなっても、これをもとに戻すことができれば、攻撃者からの恐喝に屈することなく平常の作業が再開できる。

ユーザがファイルを定期的にバックアップすれば防げることだが、自動修復されればもっと良い。最近のウイルス対策ソフトウェアは、自動バックアップ・自動修復機能を持つようになっている。

③　銀行取引・商取引の保護

ネットバンキングやネットショップの利用で、ログインパスワードやクレジット番号を盗まれる被害が多発している。こうした取引を狙った攻撃からユーザを防御する。

④　フィッシング対策

第四章で述べたフィッシング（なりすまし）詐欺に対して、偽サイトをブロックする。

⑤　迷惑メール対策

迷惑メールを検出し、除去あるいは警告（マーキングするなど）する機能。メーリングソフトに組み込まれている場合もあるが、ウイルス対策ソフトウェアと両方使うとより強力になる。

⑥　ＩＤ／パスワード管理

私たちは、たくさんのサイトでＩＤ／パスワードの組を入力しながら暮らしている。このペアをすべて記憶するのは不可能だし、使い回すのは危険である。

そこで、ウイルス対策ソフトウェアには、クラウド上の安全な場所に、ＩＤ／パスワードの組を保管しておくものがある。これによって、パスワードの安全な管理ができる。

ただし、クラウドのこのサイトに行くためのＩＤ／パスワードは記憶しなければならない。これを盗まれると、すべてが漏洩してしまう点にも気をつけて、特にここには堅牢なパスワードを設定する必要がある。

パスワードの作り方

パスワードは、個人情報や財産を守るための重要情報である。近年では、二段階認証などあって、固定されたパスワードだけではセキュリティを破ることができないようになっている場合も多くなったが、まだまだそうでないものもある。

今では当たり前となったが、パスワードは、誕生日や家族の名前などすぐに連想できるものは避けるべきである。

アルファベット、数字、記号を混ぜて、字数を多く設定するのがよい。意味のある文字列を使う場合でも、「踊る人形」の難読化でも見たように、順序を適当に入れ替えるなど、意味のない文字列に見える工夫が必要である。

さらに良いのは、WWWサイトなどで全く意味のないパスワードを生成し、これを安全に保管しておくことである。信頼できるクラウド上などが考えられるが、たとえ法律的に安全なサイトであっても、スノーデン事件などを思い出しながら、パスワード管理ファイルにも破られにくいパスワードをつけておくなど、工夫しておく必要があるだろう。

今では多くの取引サイトで、「パスワード再発行」の機能が提供されている。パスワードは忘れないことよりも、漏洩しないことにより多くの神経を使うべきであろう。

銀行の場合、キャッシュカードの暗証番号（一〇進数で四桁の数）は、セキュリティとしては脆弱に過ぎる。また、クレジットカードのサイトで使えるパスワードの字数は短すぎる。これらは、社会的に改善の余地があるところだろう。

電子メール、ウェブブラウザの使い方

近年のウイルス対策ソフトウェアには、迷惑メールをブロックしたり、危険なサイトをブロックしたりする機能があることを述べた。さらに、メールソフトやブラウザにも、危険なメールやブラウザに警告を出す機能が備わっている。

しかし、これらはいずれも完璧なものではない。特に新しいウイルスやゼロデー攻撃に対しては、原理的に防御が難しいのである。

フィッシングの手口は、電子メールの中に不正なサイトへのリンクが仕組まれている場合が多い。ウイルス対策ソフトウェアに引っかからないメールであっても、リンクを辿るときには注意が必要である。第一に、メールの送り主が信用できるかどうか、第二に、リンクのURLにあるのが本当に求めるサイトかどうか、確認することだろう。

サイトの正しさを確認する一つのやりかたとして、Googleなどの検索サイトで、求めるサイトを名前で探索し、URLが一致するかどうかを確認するのも一つの方法である。

ソーシャル・エンジニアリングの対策

第四章で述べたように、ソーシャル・エンジニアリングとは、人間心理の盲点や行動のミスをつ

いた攻撃である。技術的な防御が完璧であっても、盗み見一つでセキュリティは崩壊してしまう。第一に、公共的な場所や他人のいる場所で、秘密の情報が入ったファイルを開かない、パスワードを入力しない、などの基本的なことがある。

第二に、ネットの向こう側にいるのが、本当に本人なのかどうか、確認することである。電話を使った振り込め詐欺でも、息子や孫を名乗って安心させることから始まるものが多く見られた。サイトのなりすましだけでなく、人間のなりすましにも注意する必要がある。

第三に、攻撃者を甘くみないことである。最初はわかりやすい攻撃をしかけてきた相手が、突然高度な技術を駆使することがある。そのような場合、防御が甘くなりがちである。

第四に、最重要な情報はインターネットから切り離すことである。原子力発電所や軍事拠点の制御などは、インターネットには接続されないのが普通だ。たとえば、公務員試験や大学入試の問題は、パソコン本体には入れずにウイルスチェックをしたUSBメモリなどに暗号化して入れ、パソコンに接続するときはインターネットを切る（LANケーブルをはずしWi-FiやBluetoothの機能を停止する）ことが規則で決められている。これらを扱うときは、周囲に人がいないこと、盗聴や盗撮がされていないことを確認する。

表 5.3　システム管理者の侵入防止・マルウェア対策

対策	内容
ファイアウォール（ソフトウェア／ハードウェア）	IP パケットのフィルタリング
	サーキットレベル・ゲートウェイ
	アプリケーション・ゲートウェイ
侵入検知，防御	IDS，IPS
ウイルス対策ソフト	サーバ系のモニタリングなど
システム管理者	ログの採取
	異常検知・回復
	フォレンジック（鑑識）

五・五　侵入防止・マルウェア対策（システム管理者編）

前節では、情報セキュリティを高めるために個々のユーザがやるべきことを見てきたが、本節では、ある組織全体の情報システム（構成員を含む）を守るために導入するべきものを見ていく。

ファイアウォール

ファイアウォール（Firewall）とは、もともと防火壁のこと。ネットワークの結節点（組織内ネットワークと外部ネットワークのインタフェースとなる場所など）に設けて危険な通信を止める仕組みのことである。本家の防火壁が、火が燃え広がるのを防ぐように、ネット上の「悪」が広がるのを防ぐ壁の役割をする。

ファイアウォールには、ＩＰパケットのフィルタリングをするもの、トランスポート層での通信

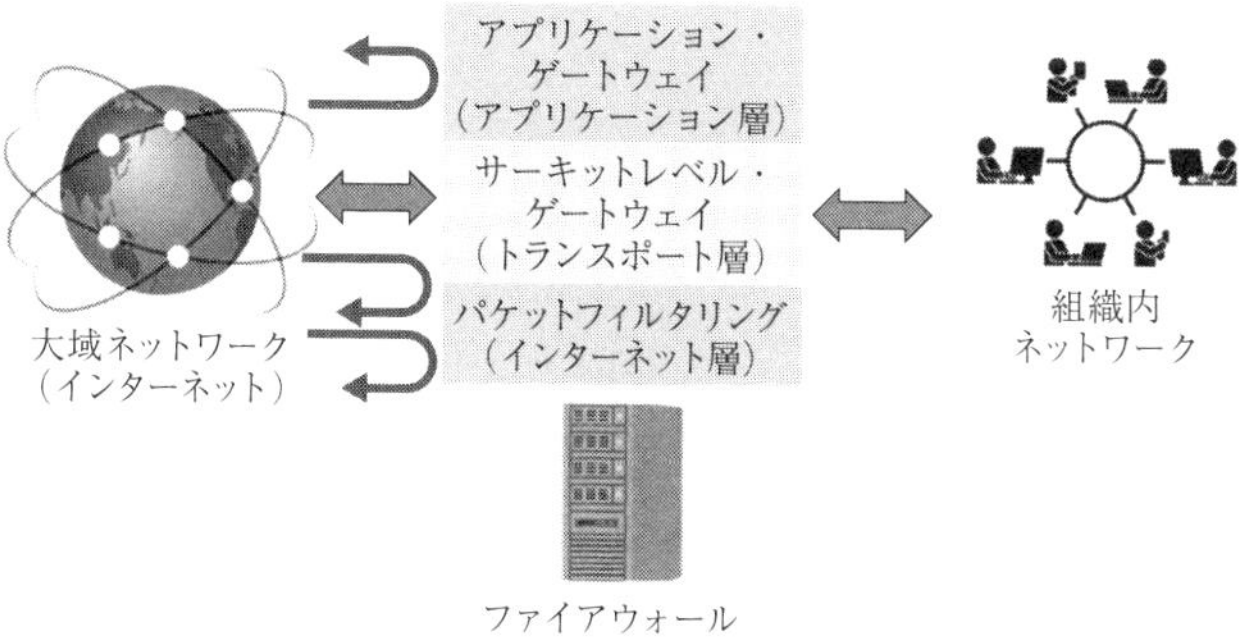

図 5.9　ファイアウォール

を代替・制御するもの（サーキットレベル・ゲートウェイ）、アプリケーション層での通信を代替・制御するもの（アプリケーション・ゲートウェイ）の三種類がある（図5・9）。いずれもソフトウェアで実装することができるが、パケットフィルタリングやトランスポート層での通信は、ハードウェア（ルータ内部の回路など）で実装される場合もあり、それぞれ製品として販売されている。

ＯＳやウイルス対策ソフトウェアには、各自のコンピュータ上でのファイアウォール機能を備えたものがある。これをパーソナルファイアウォールと呼んでいる。

侵入検知システムと侵入防御システム

ファイアウォールは、不正な通信に対する防御であった。ネットワークを介してやってくる攻撃には、通信としては正しくても内容的には「悪」のものが存在する。これを検知するのが侵入検知システム（ＩＤＳ：Intrusion Detection System）であり、遮断するのが侵入防御システム（ＩＰＳ：Intrusion Protection System）である。

侵入検知システムは、ファイアウォールを通過した通信に対して、パケットの中身を監視して、不正なものを検知する。侵入防御システムは、同様に不正なものを取り除く。

「不正」の判断は、攻撃に特有の文字列を探知することで行われることが多い。ウイルス対策ソフトウェアと同種の手法が使われるのである。

ウイルス対策ソフトウェア

組織でのウイルス対策は、個々人のコンピュータにウイルス対策ソフトウェアを入れるだけでなく、メールサーバやファイルサーバにもこれを入れて、メールの送受信やファイルの書き込みなどのときにウイルスが入らないようにすることが必要となる。

情報ネットワーク管理者の役割

組織内には情報ネットワーク管理者が置かれる。彼（女）の役割には、以下のようなことがある。

① サーバを含むすべてのコンピュータにウイルス対策ソフトウェアを導入し、これが最新の状態にあるように監視する。

② 情報処理開発協会やセキュリティ会社などから、最新のマルウェアや攻撃についての情報を

入手する。

③ファイアウォール、侵入検知システム、侵入防御システムを導入し、最新の検知・防御機能を発揮できる状態にしておく。これらのログ（履歴）をとって、組織への攻撃の有無とその種類を確認する。

④万が一侵入を許してしまったときに最善の対処をする。できるだけ早く気づける状態にあることが最も重要であり、気づいたらすぐにシステムを止め、組織の責任者（次項）に報せ、マルウェアを除去し、被害状況を確認してから対策をとるなどする。

⑤構成員のセキュリティ教育を行う。定期的なものと、攻撃されたり新しいマルウェアが発見されたりしたときなどの緊急のものがある。

⑥責任者とのコミュニケーション。セキュリティに関する平時の企画（システム構成や予算など）、攻撃されたときの被害報告と対策案などを策定・立案して相談する。

大きな組織であれば、情報セキュリティ専門会社と契約して外部委託するなども考えられるだろう。

組織のありかた

昨今の組織は、ＣＩＳＯ（Chief Information Security Officer：最高情報セキュリティ責任者）を置くようになった。ＣＩＳＯは、組織の経営者の一人であり、予算を決めるなどの権限をもって情報セキュリティの向上につとめる。組織内情報ネットワーク（コンピュータを含む）のセキュリティ対策を行い、同時に（ネット上にあるとは限らない）情報の漏洩や改竄がないように管理する。

ＣＩＳＯは組織の役員であり、現場を預かる情報ネットワーク管理者とは別の人にしなければならない。

五・六　情報セキュリティ教育

ウイルス対策ソフトウェアやファイアウォールの導入以上に大切なのが、組織内の人々に対する情報セキュリティ教育だろう。社内研修や大学の講義・演習などでこれを行うのが一般的だが、近年では、さらに初等・中等教育で情報セキュリティについて学ぶのが普通になってきている。

教育は、ただの座学ではなく、インターネットや組織内ネットワークから隔離された環境で、実際にマルウェアに感染させて対応させるなど、実地の訓練が必要である。

五・七　レジリエンス

サイバー空間は攻撃が容易で、防御が非常に困難な場所である。ここで述べた対策がすべてとられて組織や個人の防御が完璧に近いものであっても、ゼロデー攻撃や標的型攻撃などによってセキュリティが破られることがしばしば起こっている。

組織でも個人でも、セキュリティが破られたときのことを想定して、対策をとっておくことが必要だ。入り込んだ「悪」の早期発見、システム停止、被害状況の調査、マルウェアの除去、回復に至る手順を設定し、訓練するのである。

防御失敗から回復する能力を、レジリエンス（Resilience）と呼ぶ。マルウェアや侵入に対する防御能力を高めるとともに、これを過信せずに、日頃からレジリエンスを高めておかなければならない。

五・八　ディジタル・フォレンジック

ディジタル・フォレンジック（Digital Forensics）とは、コンピュータなどディジタルデバイスに記録された情報の回収と分析調査などを行うことで、いわばサイバー空間の「鑑識」である。ディジタル・フォレンジックは、コンピュータのログや記憶装置のイメージを分析・解析して何が起こったかを知り、裁判での証拠物件などにするのが一般的な手順である。今では、携帯電話などモバイルデバイスやファイアウォールなどに対しても行われる。

フォレンジックの結果は、システムの脆弱性や管理の穴を発見することにも役立てられる。システム管理者は、これを見てシステムの改善を図るのである。

五・九　サイバー戦争の抑止

毎日のように大規模なサイバー攻撃が新聞を賑わしており、そのうちの何割かは国家の関与が疑われている。

インターネットによって作られる仮想的な空間のことをサイバー空間、サイバー空間で闘われる戦争をサイバー戦争と呼ぶ。この本の冒頭でも述べたように、二一世紀に入ってから、世界はサイバー戦争の時代に入った。

サイバー戦争は国際政治の問題だ。物理兵器を使った戦争に比べて、何が起こっているのかが目に見えにくいし、巨大な装置を必要とするわけではないし、攻撃のしかたも個人が発するサイバー攻撃と原理的には同じものである。サイバー空間は制御がむずかしく、サイバー戦争は抑止がむずかしい。さらに昨今は、国家が情報を扱う力が有力な外交カードとして使われるようになっている。

五・一〇　これからの情報セキュリティ

コンピュータの高速化

二〇世紀後半からのコンピュータの高速化は、人間の技術の歴史の中でも瞠目するべきものである。一時の勢いはなくなったとはいえ、スーパーコンピュータなどは、なお指数関数的な高性能化を続けている。

これに伴って、暗号の危殆化が進んでいる。

RSA暗号（第四章参照）の場合、N=1,024のものが長く一般に利用されてきたが、これは、現在、スーパーコンピュータを使えば意味のある時間内で解くことができると言われている。すでに、N=829の場合は、二〇二〇年二月に解かれている。

政府組織であるCRYPTRECの暗号技術検討会によれば、二〇三五年に世界で最も計算速度の高いスーパーコンピュータは、N=1,536のときのRSA暗号を一年間で解くことができるだろうということだ。高価なスーパーコンピュータを一年もの間独占的に使うことはほぼ不可能だろうが、この数字は公開鍵暗号といえども危殆化が進んでいることを実感させるものだろう。それでもCRYPTRECの発表を見る限り、N=2,048の場合については、今世紀前半に破られることはないだろうと考えられる。これが、近年、RSA-2048が推奨されている理由となっている。

人工知能技術と情報セキュリティ

人工知能技術のうち、深層学習の技術は近年長足の進歩を遂げた。深層学習を使って、マルウェアに特有のパターンを検出したり、ログから異常検知をしたりすることは、二〇一六年ごろから見られるようになってきている。

深層学習を使うことの利点として、マルウェアの早期発見とパターン生成の自動化があげられる。フォレンジックにおいても、膨大なメモリダンプやログから自動で異常検知するのに利用価値が高いだろう。

これらはすでに実用化されていたり、現場に近い立場で研究されていたりするものだ。

図 5.10 アイザック・アシモフ（Wikipedia“アイザック・アシモフ”より）

これからは、攻撃側も、深層学習を使った高度化が成されるようになるだろう。ウイルス対策ソフトウェアに登録されているパターンをくぐり抜けるためのマルウェアの改変などが自動化されると考えられる。ちょうどそれは、短期間で突然変異を繰り返す自然界のウイルスのように、である。

さらに大きなテーマとして、「強い人工知能」（自意識を持ち、自律的に考えて行動する人工知能）が開発されたときの情報セキュリティのありかた、ということがある。そのときは、人工知能自身が持つべきモラルや守るべき法律が問題になるだろう。

SFの世界では、アイザック・アシモフ（図5・10）の「ロボット工学三原則」があった。

■第一条

ロボットは人間に危害を加えてはならない。また、その危険を看過することによって、人間に危害を及ぼしてはならない。

■第二条

ロボットは人間にあたえられた命令に服従しなければならない。ただし、あたえられた命令が、第一条に反する場合は、この限りでない。

■第三条

ロボットは、前掲第一条および第二条に反するおそれのないかぎり、自己をまもらなければならない。

これは、今のコンピュータで実装するのは不可能と考えられている。はたして、「ロボット工学三原則」は自律的に考え行動する将来の「強い人工知能」に埋め込むことができるだろうか。あるいはこれができない場合、人類は「強い人工知能」の開発を止めることはできるのだろうか。

量子コンピュータと暗号

量子コンピュータは、現行のコンピュータとは全く異なり、量子ビット（qubit）という重ね合わせ状態で情報を扱うコンピュータである。n量子ビットがあれば、2のn乗個の状態を同時に計算し、2のn乗個の重ね合わされた結果を得ることができる。従来なかった超並列計算が実現できるのである。

特筆すべきは、量子コンピュータによって、素因数分解がNの多項式時間で解けてしまうことである。実用的な量子コンピュータが開発されれば、これによって、ＲＳＡ暗号は価値がなくなることになり、ＳＳＬを使った取引ができなくなる。

先に、これから開発されるスーパーコンピュータによっても、今世紀前半でRSA-2048が破られることはないと予測されていることを述べた。しかし、二〇三〇年頃に現れる大規模量子コンピュータを使えば、RSA-2048は破られるだろうという予測もある。

量子コンピュータによって、暗号の危殆化が一気に加速するわけだが、現在、これを念頭に置いた耐量子計算機暗号の研究開発が進められている。

第六章　安全・安心な情報社会をめざして

六・一　情報技術の発展と「悪」

情報を制する者は世界を制する

本書では、情報通信・情報処理の技術を四つの段階に分けて概観し、それぞれの時代の「情報」に関わる「悪」について観察してきた。いつの時代でも、「情報を制する者は世界を制する」。そのために、人々は通信の仕組みや情報処理の装置を発明し、これを最大限に活用しようとした。ときには、法律やモラルを無視して情報を盗み、書き換え、消し去った。戦争すら辞さなかった。それは昔も今も変わらない。

その結果、情報の通信も処理も、今では、産業革命以前とは比較にならない速度と容量が実現されるようになった。

ディジタル通信は古代からあった

通信の手段はといえば、烽火から腕木へ、腕木から電信へ、そして電話へ。電線を使い、無線を使い、光ファイバーを使い、と伝送の媒体も変化した。

今から見れば、紀元前の烽火でも、一八世紀末の腕木でも、ディジタル通信をやっていたことがわかる。その気になれば、IPプロトコルだって実現できたのである。烽火で勝利を伝えたアガメムノンも、腕木通信でサイバー攻撃をしかけたモンテ・クリスト伯爵も、やったことは今の世の中で行われていることと大差ない――二人とも神話や物語の中の人物ではあるが。

情報処理は人手で行われていた

情報の「処理」のほうはどうだろうか。トロイの木馬は、知将オデュッセウスの発案だが、これを成功させるためには、彼の従兄弟であるシノーンが拷問に耐えながら、目の前にいるトロイヤの人々を騙し通さなければならなかった。そして、木馬は、安全に城門の中に入らなければならなかった(物理的な移動)。これに対して、現在の「トロイの木馬」は、世界中どこからでも、どこへでも仕掛けることができる。攻撃者は顔を現す必要がなく、相手と交渉する必要もない。拷問など、寸毫も考える必要がない。形あるものとしての木馬を作る必要もないし、城門の中に入れる必要もない。マルウェアとして敵方のコンピュータに忍び込ませればいいだけである。第一章であげたスタックスネットや第四章の遠隔操作ウイルスなど、まさにこうした例だろう。

「踊る人形」の暗号を解読し、これを逆用して犯人をおびき寄せたシャーロック・ホームズの手腕はみごとというほかない。今から見れば幼稚な暗号ではあったが、これもディジタル情報であった。AES暗号やRSA暗号などと異なる点は、解読の難易度だけである。情報収集に電報も使うが、相手との決着は直接の面談で行われたのであった。

映画「スティング」で主人公たちが仕掛けた「悪」には、電報と電話が使われている。ここでも最後の決着は面と向かっての応酬であった。

情報社会が到来する前は、(代理を立てるなどの手段はあっても) 必ず当事者が現場で決着をつけなければならなかったのである。

二一世紀の今では、最後の仕上げまでをサイバー空間から行うことができる。これはなぜだろうか。


コンピュータは「処理」「行為」をディジタル化した

ここで決定的な役割を果たしたのがコンピュータである。まず、「処理」「行為」を「数」で表現する。これがプログラムである。プログラムを解釈実行する機械としてコンピュータが登場したのであった。

世界中のどこにもコンピュータがあり、これが人間の書いたプログラム通りに動作する。結果はやはり「数」として出されるが、この「数」がロボットを動かしたり、液晶画面に映像や文字を浮かび上がらせたり、音楽を鳴らしたりする。

コンピュータが「悪」のディジタル化をもたらした

今、ターゲットとする相手のコンピュータに「悪」のプログラム（マルウェア）を仕込めば、攻撃者が姿を見せることなく、相手に損害を与えることができる。今では金銭もコンピュータのデータであり、病院のカルテも電子化されている。財産も命も奪うことができるのだ。

このように、コンピュータそのものは「悪」ではないが、「悪のディジタル化」をもたらしたとは言えるだろう。

インターネットが「悪」の遠隔操作をもたらした

コンピュータが遍在する世界になっても、世界中のコンピュータがインターネットで接続されず、通信ができなければ、「悪」を実行するのは、地理的に制約された、時間のかかる面倒なことだったただろう。今や「悪」は、インターネットにつながっている世界中のどのコンピュータからでも瞬時に行うことができる。実質的に距離ゼロのサイバー空間が、実世界の裏につながっていて、ここから「悪」が忍び込んで来るのである。

インターネットそのものは「悪」ではないが、インターネットが「悪の遠隔操作」をもたらしたのだとは言えるだろう。

六・二 「悪」はどこにあるのか？

情報技術は「悪」か？

答えはノーである。この本ですでに述べた通り、コンピュータもインターネットも、受動的な機械である。コンピュータは人間の書いたプログラムをその通りに解釈実行するだけだし、インターネットは人間（の書いたプログラム）が作ったIPパケットの送受信をしているだけのものである。

ここで乗り物の歴史を思い出せば、人類の発明した船や飛行機は「悪」ではないが、軍艦や戦闘機となると、はじめから悪の道具として作られたものといえるだろう。

コンピュータやインターネットは、軍艦や戦闘機ではない。汎用の情報処理装置であり、通信機構である。普通の船や飛行機が「悪」でないとすれば、当然、コンピュータやインターネットも「悪」でないと言わなければならない。

情報技術は「悪」を助長してきたか？

これはイエス。情報技術だけではない。ほとんどすべての技術でイエスである。

船を造る技術がなければ、軍艦はできなかった。飛行機を作る技術がなければ、戦闘機はできなかった。

コンピュータの元祖ともいえるボンブもENIACも、軍事を目的として作られた、ということである。ボンブはナチスの暗号を解くために、ENIACは弾道計算のために作られ、水素爆弾開発のための計算に使われている。今でも、スーパーコンピュータの用途の一つは軍事である。

今の世界を考えても、コンピュータなしにマルウェアはない。インターネットなしにサイバー戦争はない。たいへん残念だがこれは事実である。

世界には、それ以上の「悪」の助長がある。軍事のための情報システム、個人情報窃取のためのバックドア（第四章のスノーデン事件など）、二一世紀に入ってからは、フェイクニュースやポストトゥルースを演出するSNSなど。

世界に「悪」を成そうという人がいれば、情報技術はそのための道具を提供する。これを防ぐには、「悪」を防ぐための技術と、（当然のことながら）法律や警察が必要だが、「悪」に加担する人々の生産力のほうが強力に見えるのが現状ではないか。

用途を「悪」から「善」へ転じること。これは、人間の歴史の中ですべての技術に共通する重い課題であった。そして、特に二〇世紀中盤以後の情報技術について、強く意識され、努力され続けなくてはならないことだった。インターネットが広く使われ、GAFAが巨大プラットフォーマーとなった今日は、さらに大きな努力が必要となっている。

（再び）ベストエフォートは「悪」か？

一九九〇年代から、情報産業の製品は、多くが「ベストエフォート」の考えに基づいて販売されたり、無償配布されたりしている。Windows, Office, iOS, Android などの無謬性、ADSLやFTTHにおける通信速度、インターネットプロトコルにおける接続性など、すべてがベストエフォートで運用されている。可能な限りの努力はするが、保証や補償はしない、というサービスの形態だ。

第三章などで述べた通り、ベストエフォートには功罪がある。

「功」としては、製品開発にかかるコストを下げ、時間を短縮し、技術の発展を高速化することである。「罪」としては、完成度の低い製品を出荷することで、バグや脆弱性による損害を社会にもたらすことがある。FTTHの速度の数字などは、「誇大広告だ」という苦情もあった。

特に脆弱性の問題は、「悪」を考えるときに深刻である。攻撃者はこれを狙ってコンピュータへの侵入を試みるのだから。

一方で、バグや脆弱性が完全にない情報システムを作るのは、実質的に不可能である。情報システムは、ハードウェアもソフトウェアも億単位の個数の部品から成る。完全保証型のサービスが必須であれば、世の中からコンピュータもインターネットも消え去るだろう。「それが正しい」という極論もありうるかもしれないが、現実的ではない。

「悪」の中身と現れ方

コンピュータとインターネットを使っても、「悪」の中身は、以前からあったものと大差はない。殺人・傷害・窃盗・詐欺・誹謗中傷・個人情報の詐取や暴露・毒物の配布……。人間の「悪」は、古代メソポタミアから同じものだった。

一方で、今のサイバー空間を介した犯罪は、①匿名性が高く加害者が見えにくい、②物的証拠が残りにくい、③時間がかからず瞬時に起こる、④被害が広範になる、⑤時間的・場所的な制約がない、など扱いがたいへん厄介なものだ。

六・三　セキュリティの限界

技術的限界

どんな情報システムでも、脆弱性は存在する。脆弱性があれば、これを攻撃するウイルスが作られる。防御側が脆弱性を修正すると、攻撃側は新しい脆弱性を発見して攻撃する。このことのくり返しとなる。

サイバー空間は攻撃しやすく、防御しにくいところだ。マルウェアの開発と、それを封じる技術の開発は、同じ手間をかけるなら前者に分があるだろう。情報セキュリティは、「神の見えざる手」

のような経済原理に頼っていては達成できないのだ。

社会的限界

情報技術の発明・改良・普及に社会制度が遅れをとる。これは、二一世紀になって特に顕著になったことだろう。法律。行政。経済。教育。どれもが後手に回っている印象を受ける。情報技術が社会に普及する速度に追いついていないし、その差は開いているように見える。

個人情報の安全確保と利活用の両立には、技術だけでなく法令や社会制度の整備が必須だが、現状は十分とは言えない。誰に何を知らせていいのか。情報の紐付けにあたっては、誰にその権限を与えるべきで、どういう監視機構が必要なのか。巨大プラットフォーマーの活動は、どこまで許されることなのか。課題は日々に増え続けている。

DDoS攻撃でボットにされる情報機器の多くは、ソフトウェアの更新やウイルス対策ソフトウェアの導入を怠っているものだ。これらを社会的責務と考える人が世界の大部分を占めるようになれば、DDoS攻撃の規模も小さくなるだろうが、これも時間がかかりそうだ。そうこうするうちに、もっと高度な攻撃手法が生まれてくるに違いない。

サイバー空間は常に戦時である

一〇年以上前から、サイバー空間はいつも戦争状態にあると言ってよいだろう。洋の東西を問わず、国の体制を問わず、国家の関与が強く疑われる事件が頻発している。

すでに見たように、サイバー空間は匿名性が高く、証拠が残りにくい。国家の「悪」は露見しにくいし、戦闘機が飛び交うのが見えるわけでもない。基地などの巨大なインフラが作られるわけでもない。しかし、今やサイバー攻撃は、官公庁の機能を麻痺させ、銀行から大金を奪い、電力網や通信網を止め、重要人物を殺害することすらできるのである。

だからといって、防衛のためといって軍事目的の情報技術を磨き上げよ、ということではないだろう。問題解決のためには、サイバー空間を監視する機構を国際連合に設けるなどのほうが、はるかに重要と思われる。

サイバーの戦いは、これまでの戦いと違って、個人が行うものと、国家が行うものとで、質的な差がないし、使う道具も違いがない。この点は特別な注意が必要である。戦争に加担する垣根が低く、誰でも大規模な戦闘に加わることができてしまうのだ。

六・四　将来の情報社会と「悪」

超スマート社会の「悪」

第五章の最後で、コンピュータの高速大容量化や量子コンピュータの開発が暗号の危殆化を招くことを述べた。また、人工知能技術の一つである深層学習の技術がマルウェア検出やディジタル・フォレンジックに役立つことや、強い人工知能が開発されたときの課題に触れた。

情報技術の発展は、実空間とサイバー空間が融合した社会を生み出しつつある。これは、超スマート社会、あるいはソサイエティ5・0（Society5.0）と呼ばれている。

超スマート社会では、高度な遠隔医療や高齢者介護、自動運転などの交通・運輸システム、無駄のない生産システムやエネルギー供給システムなどが実装される。

一方で、サイバー空間の「悪」がもたらす被害は、今よりずっと大きなものになるだろう。リモートでの手術中にDoS攻撃によって通信が麻痺する。自動運転車をハックして事故を起こさせる。工場に偽情報を送って、爆発や火災を起こさせる。

軍隊へのサイバー攻撃は以前からあり、防御の範囲も比較的見えやすかったが、超スマート社会になれば、攻撃対象も多様化し、被害の性質も多岐に亘るようになる。あらゆるものの上で、あらゆる災害や混乱が引き起こされると考えなくてはならない。

サイバー攻撃の能力を持っているがやらない、その代わりに高度なサイバー攻撃を防ぐことができる。そういう人材をホワイトハッカーと呼ぶ。ホワイトハッカーの育成については、軍事研究にあたるから反対である、という声がある。

私は、ホワイトハッカーは社会のために必要な存在だと考える。それはちょうど、人々の命と財産を守るために警察が必要なのと同じことだ。ただし、ホワイトハッカーを各界の代表者からなる委員会の監視化に置き、他人や他国を攻撃しないようにする必要があろう。さらに、国際連合などに、サイバーセキュリティの委員会を作り、ここでホワイトハッカーの技術を登録・公開することなども考えられるだろう。

理屈では簡単だが、言うまでもなく、これはとてもむずかしいことだ。

脳とインターネットを接続する

ブレイン・マシン・インタフェースという研究領域がある。脳波などの検出や脳への直接の刺激により、脳とコンピュータの直接接続を果たそうというものだ。

これはSFではない。今行われている研究だ。

実際に、脳がコンピュータに直接接続されるようになったら、どういう世界になるか。

漫画『攻殻機動隊』に描かれた未来社会では、これがごく普通に行われている。視覚・聴覚・触覚などを経由することなく、情報は直接脳とネットの間でやりとりされるのだ。

そういう世界の「悪」はどんなものになるだろうか。ＤＤｏＳ攻撃や標的型攻撃を仕掛けて、一瞬で脳をパンクさせ、廃人にしてしまうだろうか。それとも国家元首などＶＩＰの脳を乗っ取って、世の中を好きなように操るだろうか。

『攻殻機動隊』に出てくる「笑い男」は、一人の天才少年である。あらゆる人の脳を一瞬でジャックして自分の存在を社会から消し、人々を誘導していろいろなことをやらせる。彼自身は、実は物静かな正義の味方なのだが、社会悪がはびこる近未来、彼の正義はとても屈折したやりかたでしか実現しない。

この漫画では、サイバー攻撃に対する防御として、ファイアウォールを超える武器が使われる。脳が攻撃されたとき、ただちにサイバー攻撃を返して反撃するのである。これは、攻性防壁と呼ばれている。

攻性防壁が成り立つためには、攻撃者が特定されなければならない。ＤＤｏＳ攻撃などでは、乗っ取られた人（脳）から攻撃が来るので、攻性防壁を発動すると、真の攻撃者ではなくボットにされた人々がカウンターを食らうことになる。遠隔操作ウイルスでも、乗っ取られた人々の脳が破壊されてしまうだろう。遠隔操作事件（第四章）の警察が行ったことよりもずっとひどいことになる。

「悪」のハッカーは、外国のサーバを遠隔操作するなどして、匿名性を担保してから攻撃をしかけてくる。彼（女）を特定するのはとてもむずかしい。よって、攻性防壁を作るのはとてもむずかしい。たぶん、インターネットの枠組みを根本から変えなくてはならないだろう――ブレイン・マシン・インタフェースを導入するときは、本気でこれを考えなければならないかもしれない。とてつもないコストがかかることだろうが。

さらに、ここには法律の問題も入ってくる——はたして、法律的に、サイバー報復攻撃は許されるのか。

刑法には、正当防衛の規定がある。

急迫不正の侵害に対して、自己又は他人の権利を防衛するため、やむを得ずにした行為は、罰しない。（刑法三六条一項）

サイバー攻撃に対して、どのような報復が正当防衛で、どのような報復が過剰防衛なのだろうか。

強い人工知能は「悪」に加担するか？

ＳＦ小説やＳＦ映画には、しばしば「強い人工知能」（自律的に考えて行動する人工知能）が登場する。そしてこの「強い人工知能」は、人間社会と真っ向から対立するものが多い。

映画「ターミネーター」のスカイネット。「マトリックス」の新世代コンピュータ。もちろん、これは、視聴者を興奮させ、楽しませるための演出である。しかし、実際「強い人工知能」は、もしできてしまったら、人間を超える存在となり、独自の価値観を持つかもしれない。

その挙動は、我々の想像の及ぶところではなく、善悪の判断などがどうなされるかも、本当のところはわからない。

そういう問題を考えるよりも前に、人間の「悪」が何に由来するのかをもっと真剣に考えるべきではないか。他人や他国を犠牲にしても自分や自国が物質的豊かさを手に入れるべきなのか。たいがいの人は、ノーと答えるだろうが、この単純な「ノー」の実践がいかにむずかしいことか。歴史や自分史を振り返って考え感じてみてはいかがだろうか。

六・五　明るい情報社会を築くために

ＩｏＴ。人工知能。量子コンピュータ。拡張現実。

情報技術はこれからますますスピードを上げて発展し続けるだろう。そして、残念ながら、社会にひそむ「悪」は、さまざまにこれを利用しようとするだろう。

ここで確認しておかなければならないことは、いくら技術が進歩しても、善悪の判断基準は変わらないということだ。人を傷つけたり、物を盗んだりすることは「悪」であり、防いだり罰したりする対象となる。

長く実学の世界にいると、自分の研究分野を推し進め、社会を変えていくことが、人間の進歩につながっているのかどうか、本気で考えなくては気が済まなくなる。経済的豊かさや生活の利便性は大切なことだし、その点での情報技術の貢献は言うまでもないのだが、「人間の進歩」は、豊かさや便利さだけで測れるものではないだろう。

人間社会の「悪」をいかに抑え、「善」の領域をいかに広げるか。そういう目で「人間の進歩」を考えたときに、はたして情報技術はこれに貢献しているのだろうか。

あるいは、これからの情報技術の大きな事柄は、これから得る知見を使って善と悪のバランスを前者に傾けることにあるのかもしれない。量子コンピュータの時代になり、強い人工知能が人間と拮抗する（あるいはそれ以上の）力を持つようになったとき、私たちは、私たち自身の中にある善と悪をどのように意識し、私たちの進歩をどう考えることになるだろうか。

あとがき

この本の執筆を決意したのは、二〇一六年春のこと。いつもなら半年か、長くても一年あれば脱稿しているのに、書き上げるまでに五年以上かかってしまった。

情報通信と情報処理の歴史を振り返りながら、今の情報技術と人間社会の「悪」の関係を考えてみたい。そんな野心から東京大学出版会の岸純青さんと相談を始めた。岸さんは、熱意をもって真剣に話を聴いてくださり、こちらの熱も高く企画はすぐにまとまったのだが、いざ始めてみると筆が進まない。コンピュータやインターネットの歴史などよく知っていることのはずなのに、そこに社会の善悪が絡むと、とたんに世界はカオスになる。歴史上の人物や先輩たちがこれまでやってきたこと、自分や後輩たちが今やっていること、劇作家や小説家が描いたこと、それらをどう位置づけ評価していいのか、わからなくなるのだ。

この本はそんな「わからなさ」の中で、自分がこの情報社会をどう考えているのかを記そうとあがき続けた、その結果だ。これまで執筆した教科書や入門書のようにすっきりとできているわけではないし、格別深い知見が示されているわけではないかもしれないが、もう若くはない一人の学徒・一人の技術者の葛藤のありかを示せたのではないかとは思う。
最後に、この本を執筆している間、私を支えてくれた大学の諸先輩と坂井・入江研究室のメンバー、そして妻の千嘉子に感謝したい。

二〇二一年七月四日　　東京大学本郷キャンパスにて

坂井　修一

参考文献

全体

情報社会・セキュリティ・倫理、辻井重男、コロナ社、二〇一二年

サイバーリスクの脅威に備える——私たちに求められるセキュリティ三原則、松浦幹太　化学同人、二〇一五年

サイバーセキュリティ入門、猪俣敦夫、共立出版、二〇一六年

ここからセキュリティ——情報セキュリティ・ポータルサイト、情報処理推進機構（ＩＰＡ）、（随時更新）https://www.ipa.go.jp/security/kokokara/

知っておきたい情報社会の安全知識、坂井修一、岩波書店、二〇一〇年

サイバー戦争論——ナショナルセキュリティの現在、伊東寛、原書房、二〇一六年

ゼロデイ——米中露サイバー戦争が世界を破壊する、山田敏弘　文藝春秋、二〇一七年

ＩＴ全史、中野明、祥伝社、二〇一七年

第一章

Stuxnet——制御システムを狙った初のマルウェア、小熊信孝（JPCERT/CC）、https://www.jpcert.or.jp/ics/2011/20110210-oguma.pdf

How a Secret Cyberwar Program Worked, *New York Times*, June 1, 2012.

Iran says key Natanz nuclear facility hit by 'sabotage', BBC News, April 12, 2021.

制御システムのセキュリティ、https://www.ipa.go.jp/security/controlsystem/index.html, 情報処理推進機構　二〇一九年

第二章

情報と通信の文化史、星名定雄、法政大学出版局、二〇〇六年
ギリシャ・ローマ神話、トーマス・ブルフィンチ（野上弥生子訳）、岩波文庫、一九七八年
情報と戦争、ジョン・キーガン（並木均訳）、中央公論新社、二〇一八年
腕木通信、中野明、朝日新聞出版社、二〇一三年
モンテ・クリスト伯、アレクサンドル・デュマ（山内良雄訳）、岩波文庫（電子書籍版）、二〇一三年
The Return of Sherlock Holmes, Arthur Conan Doyle, https://www.gutenberg.org/files/108/108-h/108-h.htm, 1905年
通信の世紀——情報技術と国家戦略の一五〇年史、大野哲也、新潮社、二〇一八年
映画「スティング」、ジョージ・ロイ・ヒル監督、ユニバーサル・ピクチャーズ、一九七三年
インヴィジブル・ウェポン——電信と情報の世界史1851-1945、D・R・ヘッドリク（横井勝彦・渡辺昭一訳）、日本経済評論社、二〇一三年

第三章

誰がどうやってコンピュータを創ったのか?、星野力、共立出版、一九九五年
ノイマン・ゲーデル・チューリング、高橋昌一郎、筑摩書房、二〇一四年
映画「イミテーションゲーム」、モルテン・ティルドゥム監督、ブラック・ベア・ピクチャーズ、二〇一四年
The Coventry Blitz 'conspiracy,' 12 November 10 10: 40, By Ian Shoesmith & Jon Kelly, BBC News, Nov. 10, 2012, http://www.bbc.co.uk/news/mobile/uk-11486219
戯曲「ブレイキング・ザ・コード」、ヒュー・ホワイト作、一九八六年上演（日本では、劇団四季により一九八八年上演）
計算機の歴史——パスカルからノイマンまで、ハーマン・H・ゴールドスタイン（末包良太・米口肇・犬伏茂之訳）、共立出版、一九七九年

フォン・ノイマンとウィーナー、スティーブ・J・ハイムズ（高井信勝監訳）、工学社、一九八五年
フォン・ノイマンの哲学——人間のフリをした悪魔、高橋昌一郎、講談社、二〇二一年
F. Cohen, "Computer Viruses - Theory and Experiments," in DOS/NBS 7th Conference on Computer Security, originally appearing in IFIP-Sec.84

第四章

インターネット、村井純、岩波書店、一九九五年
インターネットII、村井純、岩波書店、一九九八年
インターネット工学、後藤滋樹・外山勝保、コロナ社、二〇〇七年
PC遠隔操作事件、神保哲生、光文社、二〇一七年
企業守る「ホワイトハッカー」を官民で奪い合う愚、https://diamond.jp/articles/-/179426、週刊ダイヤモンド編集部、二〇一八年九月一一日
取調べの可視化（取調べの可視化本部）、https://www.nichibenren.or.jp/activity/criminal/recordings.html、日本弁護士連合会、二〇一九年一一月八日
世界サイバー戦争、リチャード・クラーク&ロバート・ネイク（北川知子・峯村利哉訳）、徳間書店、二〇一一年
見えない世界戦争——「サイバー戦」最新報告、木村正人、新潮社、二〇一四年
サイバー空間を支配する者、持永大・村野正泰・土屋大洋、日本経済新聞社、二〇一八年
サイバー攻撃の国際法——タリン・マニュアル2・0の解説、中谷和弘・河野桂子・黒﨑将広、信山社、二〇一八年
サイバー攻撃、中島明日香、講談社、二〇一八年
Edward Snowden Interview: The NSA and Its Willing Helpers, SPIEGEL ONLINE, July 8, 2013
暴露——スノーデンが私に託したファイル、グレン・グリーンウォルド（田口俊樹・濱野大道・武富陽生訳）、新潮社、二〇一四年
映画「シチズンフォー——スノーデンの暴露」、ローラ・ポイトラス監督、二〇一四年
映画「スノーデン」、オリバー・ストーン監督、エンドゲーム・エンターテインメント等、二〇一七年

サイバーセキュリティ——組織を脅威から守る戦略・人材・インテリジェンス、松原美穂子、新潮社　二〇一九年
中国のサイバー攻撃の実態（平成二八年度）、株式会社ラック、公益財団法人 防衛基盤整備協会、二〇一八年

第五章

リモートアクセス環境におけるセキュリティ、情報処理推進機構、https://www.ipa.go.jp/security/awareness/administrator/remote/index.html
電子署名について、日本情報経済社会推進協会、https://esac.jipdec.or.jp/why-e-signature/index.html
ブロックチェーン技術入門、岸上順一・藤村滋・渡邊大喜・大橋盛徳・中平篤、森北出版、二〇一七年
ブロックチェーン技術の教科書、佐藤雅史・長谷川佳祐・佐古和恵・並木悠太・梶ヶ谷圭祐・松尾真一郎、C&R研究所、二〇一八年
ブロックチェーン革命、野口悠紀雄、日経新聞出版、二〇一七年
暗号検討会 二〇一九年度報告、CRYPTREC RP-1000-2019、二〇二〇年、https://www.cryptrec.go.jp/report/cryptrec-rp-1000-2019.pdf
I, Robot、Isac Asimov、一九五〇年

第六章

攻殻機動隊、Stand Alone Complex, 士郎正宗（原作）、講談社・攻殻機動隊製作委員会、二〇〇二年
映画「ターミネーター」、ジェームズ・キャメロン監督、ワーナー・ブラザーズ、一九八四年
映画「マトリックス」、アンディ・ウォシャウスキー&ラリー・ウォシャウスキー監督、ワーナー・ブラザーズ、一九九九年

事項索引

［さ行］

［た行］

［ま行］

［や・ら行］

[欧文]

人名索引

著者紹介

1958年生まれ．東京大学大学院情報理工学系研究科教授，工学博士．情報処理学会理事，東京大学大学院情報理工学系研究科長，電子情報通信学会理事，電子情報通信学会情報・システムソサイエティ会長などを歴任．2021年より東京大学副学長・附属図書館長．『論理回路入門』（培風館，2003），『ITが守る，ITを守る』（NHK出版，2012），『オンライン・ファースト』（共著，東京大学出版会，2020）など著書多数．情報処理学会論文賞，日本IBM科学賞，元岡記念賞，市村学術賞，IEEE論文賞，情報処理学会フェロー，電子情報通信学会フェロー，第21回大川出版賞，電子情報通信学会業績賞など受賞多数．

歌人としても著名で，日本文藝家協会理事，現代歌人協会副理事長を務め，迢空賞，『現代短歌文庫　続坂井修一歌集』（砂子屋書房，2017）など著書・受賞多数．

サイバー社会の「悪」を考える
現代社会の罠とセキュリティ

2022年 1月12日　初　版

［検印廃止］

著　者　坂井修一

発行所　一般財団法人　東京大学出版会
代表者　吉見俊哉
153-0041 東京都目黒区駒場4-5-29
http://www.utp.or.jp/
電話　03-6407-1069　Fax 03-6407-1991
振替　00160-6-59964

組　版　有限会社プログレス
印刷所　株式会社ヒライ
製本所　牧製本印刷株式会社

ISBN 978-4-13-063458-8　Printed in Japan